생각
연습

생각
연습

생각의 근육을 키우는 질문 **34**

글쓴이 리자 하글룬트 | 옮긴이 서순승

너머학교

『생각연습』을 더 잘 읽는 법

● 이 책은 스웨덴과 독일에서 출간되어 널리 읽히고 있는 청소년 철학책입니다. 이 책의 원제 '생각연습 Att Tänka Noga(스웨덴어)·Gedankenspiele(독일어)'은 '생각놀이'라고도 옮길 수 있습니다. 현실에서는 할 수 없던 혹은 할 수 없는 것을 떠올려 보는 것이라는 의미로, '생각' 을 가지고 이리저리 굴리며 노는 것을 뜻하지요. 철학하기란 본질적으로 생각을 가지고 노는 것이라는 생각을 담고 있습니다.

● 이 책의 34가지 질문들은 생활 속에서 익숙하게 만나거나 평소에 고민해 본 문제들일 것입니다. 본문은 그 질문에 답하기 위해 생각하는 여러 방법과 더 생각해 볼 만한 새로운 상황과 더 심화된 질문으로 구성되어 있습니다. 본문과는 별도로 아이들끼리 무인도에 여행 간다고 가정하여 여러 상황을 어떻게 해결할지 묻습니다.

● 책에 나오는 질문들에 대한 해답이나 해설은 별도로 제시하지 않았습니다. 너무나 많은 답이 가능하기 때문입니다. 철학의 질문에 정답이란 없으니까요. 하지만 본문 앞에서 다룬 질문들을 뒷부분에서 다시 다루고 있으니 앞뒤를 오가며 반복해서 읽고 생각해 보시기 바랍니다.

● 이 책에 나오는 질문들을 읽고 먼저 드는 생각을 책의 여백에 써 보세요. 읽고 조금 더 생각해 본 다음 떠오른 생각을 다른 색의 연필이나 볼펜으로 써 보세요. 생각이 더 명확하고 풍부해지는 것을 확인할 수 있을 겁니다.

● 철학 공책을 만들어 보세요 ; 공책을 준비하여 책에 나온 여러 질문들에 대한 답을 써 보면서 나만의 철학 공책이 만들어 보세요. 부모님, 친구들과 함께 읽고 토론하고, 그 내용도 기록해 보세요. 사고뿐 아니라 글쓰기에도 큰 도움이 될 것입니다.

"생각하며 살지 않으면
사는 대로 생각하게 된다."

— 스콧 니어링

철학이란 무엇일까?

평범하지만 까다로운 질문들

철학이란 인간이 행하는 그 무엇이라고 할 수 있습니다. 우리가 일상생활에서 매일매일 마주치는 갖가지 일이나 상황도, 겉보기에는 평범하지만 까다로운 질문들을 감추고 있을 수 있습니다. 그럴 경우 해답을 구하기 위해서 그 문제를 찬찬히 따져 보는 수밖에 다른 방법이 없겠죠.

이 책을 읽어 가는 과정에서 여러분은 부모님이나 선생님이라도 쉽게 답할 수 없는 여러 가지 질문들과 만날 것입니다. 어른들은 흔히 이건 이렇고 저건 저렇다는 식으로 어물쩍 넘어가 버리곤 합니다. 어른들은 모든 것을 다 아는 체하지만, 사실은 거의 대부분이 거짓말이거나 충분히 생각하지 않고 던지는 말이랍니다.

철학자란?

철학을 직업으로 하는 사람도 있습니다. 이런 사람을 일컬어 철학자라고 부르는데, 이들의 주된 일은 그저 생각하는 것입니다. 어때요, 쉽고 편할 것 같죠? 하지만 그렇게 쉽게 말할 수는 없답니다. 철학자는 나중에 자신이 씨름한 문제에 관해 글을 쓰고, 다른 사람들과 토론을 벌이고, 그 결과를 가지고 글을 고치고 다시 토론하는 과정을 반복해야 하니까 말이에요.

실제로 그와 같은 '생각 작업'은 고도의 정신 집중이 필요한 아주 힘든 일입니다. 하지만 직업적인 철학자가 아닌 보통 사람들의 경우에도 어떤 문제를 두고 깊이 생각하는 것, 다시 말해 '철학하는 것'은 참된 인생을 살아가는 데 중요한 의미를 갖습니다.

계속하여 따져 묻기

'철학한다는 것'은 무엇인가를 대상으로 깊이 생각한다는 것을 뜻합니다. 그 어떤 것도 있는 그대로 받아들이지 않고, 끊임없이 질문을 던지면서 그 뿌리에 이르기까지 추적해 들어갑니다. 잠시 멈췄다가는 다시 생각하고, 또 다른 질문을 던지면서 따져 묻는 과정을 반복합니다. 마찬가지로 여러분들도 이 책의 내용을 두고 계속 의문을 제기하며 따져 물어야 해요.

흔히들 옳다고 여기거나 기정사실로 받아들이고 있는 일 혹은 상황에 대해 의문을 제기하고 따져 물을 경우, 우리는 '철학한다'라고 말할 수 있습니다.

철학의 어원

'철학'이라는 단어는 그리스어 '필로스(philos)'와 '소피아 (sophia)'에 그 뿌리를 두고 있습니다. 필로스는 '사랑하는' 혹은 '친구'를, 그리고 소피아는 '지혜'를 의미합니다. 따라서 철학을 뜻하는 '필로소피아(philosophia)'를 글자 그대로 옮겨 보면 '지혜의 친구' 혹은 '지혜에 대한 사랑'이 되겠죠.

'서양철학'■은 예수 그리스도 탄생보다 대략 600년 전쯤의 고대 그리스에서 시작되었답니다. 그리고 시대가 흐르면서 철학으로부터 여러 다양한 학문들이 발전했죠.

■ 서양철학
고대 그리스 철학에서 시작되었지만, 이 용어 자체는 19~20세기에 만들어졌다.

어떻게 읽어야 할까?

이 책에는 다양한 종류의 문제들이 등장합니다. 대부분 매우 현실적이고 누구나 부딪히는 문제들이지요. 그러한 문제들은 마치 지도의 한 일부처럼 철학이라는 큰 영역을 이루는 작은 부분이라고도 할 수 있습니다.

쉽게 술술 읽히는 페이지도 많지만, 처음에는 무슨 의미인지 전혀 감이 잡히지 않는 대목도 더러 만나게 될 것입니다. 하지만 지레 겁부터 먹을 필요는 없습니다. 첫술에 배부르기를 바랄 수는 없잖아요.

철학책은 다른 책과는 다른 방법으로 읽어야 합니다. 보통 책들은 대개 빠른 속도로 읽어 내려가다가, 이해가 잘 안 되거나 특히 중요하다고 생각되는 부분들만 다시 읽지요.

철학책의 경우는 다릅니다. 한 단락을 단숨에 읽은 후 다루어진 내용이 무엇인지 대충 생각해 봅니다. 그런 다음 한 구절 한 구절을 곰곰이 따져 물으면서 다시 한 번 천천히 정독합니다. 책의 앞과 뒤에서 연결되는 내용을 찾아 다시 읽어 보고 또 생각해 봅니다.

철학은 특성상 세상을 연구하기 위해 굳이 밖으로 나갈 필요가 없습니다. 철학적 의문은 의자에 앉아서도 그 해답을 구할 수 있다는 말이지요. 물론 세상 돌아가는 상황을 완전히 무시해서야 안 되겠죠. 그렇긴 해도 다른 학문과 철학을 구분하는 가장 큰 특징은 의자에 앉아 문제를 해결할 수 있다는 점일 것입니다.

무인도로 여행을 간다면?

무인도로 여행을 떠난다고 가정해 보세요. 꽤 오랫동안 그곳에 머물
생각이라면 무엇보다도 오두막부터 지어야겠죠. 그러기 위해선 당연히
집을 지을 때 필요한 도구들을 챙겨야 할 것입니다. 나무를 자르는 톱과
자른 나무를 이어 붙일 망치와 못은 필수이겠지요.

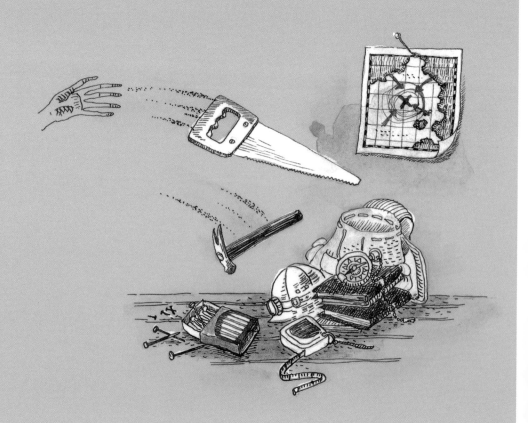

생각의 도구 하나—구분 또는 구별

철학적 작업을 할 때도 도구가 필요합니다. 하지만 이 경우는 보고 만질 수 있는 '평범한' 도구가 아니라 생각의 도구입니다. 철학자들은 종종 '구분'이라고 불리는 아주 특별한 '생각의 톱'을 이용합니다. '구분'이란 "쪼개어 나누거나 차이를 두는 것"을 의미합니다. 마치 진짜 톱으로 나무판을 두 조각으로 자르듯이, 우리는 무엇인가를 또 다른 무엇으로부터 분리할 수 있습니다.

이를테면 "농구화는 조깅화가 아니다.", "사과는 감이 아니다.", "달은 별이 아니다." 등과 같은 식으로 표현할 경우, 여러분은 구분 혹은 구별을 하는 셈입니다. 다시 말해 동일한 부류에 속하지 않은 사물들이나 상황들을 서로 나누어 구분하는 것입니다.

생각의 도구 둘—논거, 논증

'논거'란 용어에는 여러 가지 의미가 있습니다. '근거'나 '이유'도 그중 하나죠. 논거를 사용하거나 근거를 제시한다는 말, 즉 '논증한다'는 말은 어떤 가정 혹은 가설에 도달한 방법을 설명한다는 뜻입니다. 철학자들에게 논거는 마치 망치와 못과 같답니다.

논거의 질을 평가하기는 여간 까다롭지 않습니다. 하지만 어떤 경우에라도 설득력이 있어야 하고 중요해야 합니다. 태양 주위에 9개의 행성이 존재한다는 사실을 증명하기 위해 다음과 같은 논거를 사용한다고 가정해 보세요.

"인간의 몸에는 9개의 구멍이 있다. 따라서 우주에도 9개의 행성이 존재한다."

이것이 설득력 있는 논거인가 생각해 보세요. 이 논거가 과연 중요한가요? 다시 말해 주어진 상황에 어떤 의미를 부여하나요?

생각 연습, 생각놀이

철학자들은 자주 '생각 연습'을 한답니다. 마치 놀이 같아서 '생각놀이'라고도 할 수 있어요. 철학자 뿐 아니라 우리 모두 '생각놀이'를 할 수 있고, 또 하고 있습니다. 즉, 철학한다고 할 수 있는 거지요.

생각 연습은 우리가 이 세상에 대해 무엇인가를 이미 알고 있다는 것을 전제로 합니다. 상상 속에서 우리는 마음대로 조건들을 바꿈으로써 새로운 상황들을 만들어 낼 수 있습니다. 여러 가지 다른 상황들을 떠올리고 우리의 머릿속에서 자유롭게 생각해 보는 과정을 거쳐, 마침내 하나의 뚜렷한 그림을 그려 내게 될 것입니다.

01

나는 누구인가?

그저 너 자신이 되어라!

이런 말을 들어 본 적이 있을 것입니다. 어른들은 자기 자신이기만 하면 살아가는 데 전혀 문제될 게 없다고 믿고 있는 모양입니다. 하지만 굳이 스스로를 다른 사람과 구별할 필요 없이, 우리는 같은 반 친구들과 스스럼없이 농담도 주고받고 함께 뒹굴고 뛰어 놀기도 합니다.

"다른 사람이 되지 않으려고 노력해!"

라는 말도 흔히들 듣습니다. 그렇다면 누군가가 자기 자신이라는 것은 도대체 무슨 뜻일까요?

아기에서 어른으로

살아가면서 우리는 엄청난 변화를 겪습니다. 젖먹이 아기였다가 어느새 책가방을 메고 학교에 다니게 되죠. 사람은 누구나 한 살 두 살 나이를 먹어 가면서 생각과 외모 그리고 취향까지 바뀌게 됩니다. 체형도 변하는데, 사실 애벌레가 예쁜 나비로 탈바꿈하는 현상과 별반 다를 게 없답니다.

하지만 나이가 들어가면서 우리는 "변하지 않는 것은 존재하지 않는가?" 혹은 "만일 존재한다면 그것은 과연 무엇인가?"라는 식의 의구심을 갖게 됩니다. 그렇다면 평생 동안 여러분을 특징지어 주면서, 여러분을 여러분 자신이게 만들어 주는 것은 과연 무엇일까요?

같은 사람이게 하는 것은?

누군가가 여러분에게 "그렇게 하지 마! 다 너를 위해 하는 말이라고. 나중에 그 때문에 크게 후회할 거야." 혹은 "너 지금 당장 치열 교정하지 않으면 커서 엄청 고생한다." 라고 말한다고 생각해 보세요.

실제로 그럴까요? 지금의 여러분이 10년 후 뻐드렁니 때문에 고통 받게 될 미래의 여러분과 동일한 사람이라고 말할 수 있을까요? 지금의 여러분을 같은 사람으로 계속 유지해 주는 것이 과연 존재할까요? 만약 존재한다면 그것은 도대체 무엇일까요?

얼마나 오래 책임을 져야 하나?

여러분은 지금 열다섯 살이고, 친구들과 어울려 시내를 돌아다 닌다고 가정해 보세요. 그러다 우연히 값비싼 휴대전화를 줍게 되고, 그것을 분실물 신고소나 경찰서에 갖다주지 않기로 합니다. 영수가 총대를 메고, 거리에서 만난 한 대학생에게 그 휴대전화를 팝니다. 그러고는 그 돈을 친구들끼리 나누어 가집니다.

몇 년이 지난 후 경찰에서 여러분 모두를 소환합니다. 도난당한 물건을 팔아 돈을 챙겼다는 혐의에서죠.

"그건 오래전의 일입니다. 당시 저는 열다섯 살에 불과했어요. 하지만 지금은 완전히 딴사람이잖아요?"

여러분은 반론을 제기합니다.

"그래요?"

경찰이 약간 빈정대듯 답합니다.

"그래도 어쨌든 당신은 당신이잖아요?"

그렇다면 과거의 행동에 대해 얼마나 오랫동안 책임을 져야 할까요?

같은 배인가, 아닌가?

영웅호라고 불리는 배가 한 척 있다고 가정해 봅시다. 그 배는 너무 낡아 몇 차례 수리를 했습니다. 선판도 여럿 갈았지만 배의 외형은 처음과 똑같습니다. 얼마 후 다시 수리를 합니다. 돛대가 부러져서 새 것으로 바꾸어 달았습니다. 그리고 또 얼마 후에는 나머지 선판들도 모조리 교체했습니다. 한마디로 배를 구성하고 있는 모든 부분이 새 것으로 바뀐 것입니다. 그래도 여전히 영웅호라고 할 수 있을까요?

교체된 모든 부분이 호걸호라는 배에서 떼어 온 것이라고 상상해 보세요. 그렇다면 이 배를 과연 무엇이라 불러야 할까요? 영웅호일까요, 아니면 호걸호일까요?

복제 인간은 나일까, 아닐까?

미래에 고도로 발달된 장치를 통해 특이한 방법으로 다른 행성들을 여행할 수 있다고 상상해 봅시다. 이 기계는 여러분의 몸과 뇌에 관한 정확한 데이터를 산출하여, 이를테면 화성에 있는 수신자에게 특정 신호로 전송합니다. 그리고 그곳에서 기억, 감정 등 원래의 여러분과 모든 점에서 똑같은 복제 인간이 만들어지고, 지구에 있는 여러분의 '나'는 고통 없이 제거되는 거죠. 먼 미래에는 실제로 이런 일이 가능할지도 모릅니다. 하지만 원래의 몸을 잃는다고 하니 이 장치를 사용하기가 좀 망설여집니다.

그런데 기술이 더욱 발달하여, 어느 순간부터는 원래의 몸을 없앨 필요도 없어졌답니다. 심지어는 화성에 있는 복제된 '나'와 지구의 내가 서로 전화로 대화까지 나눌 수 있다고 합니다. 그제야 마음이 놓인 여러분이 기계로 들어가 작동 단추를 누릅니다.

과연 어떻게 될까요?

어느 날 기술적인 오류가 발생합니다. 지구에 있는 '나'가 데이터 전송 과정에서 심한 부상을 입고 다음 날 죽고 맙니다. 하지만 화성의 복제된 '나'는 전혀 손상을 입지 않았습니다. 따라서 여러분은 언제라도 지구로 돌아와서 이곳에서의 생활을 계속 이어갈 수 있답니다. 아무런 문제도 없이 가족과 함께 살며 친구들과 어울려 놀 수 있는 거죠. 감정과 생각이 원래의 나와 똑같기 때문입니다. 물론 지구에 있던 원래의 나는 이미 죽었고 지금의 나는 그 복제에 불과하다는 것을 의식할지는 모르겠지만 말입니다.

하지만 복제되었다고 달라질 건 없잖아요? 성격이나 버릇까지 원래의 나와 똑같다면 말이에요.

02

다른 사람들은
누구인가?

나와 다른 사람

여러분은 매일 부모님, 선생님, 친구, 옆집 아주머니 등등 많은 사람과 마주칩니다. 전혀 이상할 것 없는 아주 일상적인 일이죠.

하지만 주변 세계를 문제의식을 갖고 바라보려면, 이들이 자신과 과연 어떤 식으로 관계하고 있는지를 스스로에게 물어보아야 합니다. 그들도 모든 것을 여러분과 같은 방식으로 받아들이고 있을까요?

논증 혹은 논리적인 접근

가게 진열대에서 멋진 파란색 운동화를 발견하고, 친구에게 "정말 끝내준다, 그렇지?"라고 소리칩니다. 그러자 옆에 있던 친구가

"우아, 굉장한데! 파란색은 내가 엄청 좋아하는 색깔이야."라고 응수합니다.

그런데 친구의 눈에 보인 파란색이 여러분이 본 파란색과 같다고 어떻게 확신할 수 있을까요? 여러분 눈에 파란색으로 보인 색깔이 친구에게는 초록색으로 보일 수도 있지 않을까요?

이러한 문제를 해결하려면 논리적인 접근법인 논증▪이 필요합니다. 여러분의 친구도 여러분 자신과 거의 비슷하게 세상을 체험한다는 결론을 이끌어 내기 위해서 어떤 이유 혹은 논거▪를 제시할 수 있을까요?

▪ 논증, 논거
13쪽 참고.

남의 속마음은 알 수 없다!

우리는 다른 사람들의 생각을 들여다볼 수 없습니다. 여러분의 눈에는 친구가 웃고 있는 것처럼 보입니다. 그런데도 친구는 슬프거나 아니면 전혀 엉뚱한 무엇인가를 생각하고 있는 것처럼 말합니다. 때로는 기분이 엄청 나쁘면서도 괜찮다고 말할 수도 있습니다.

다른 사람이 머릿속으로 어떤 생각을 하고 있는지 확신한다는 것은 사실 불가능에 가깝답니다. 그렇다면 다른 사람의 생각에 동의한다거나 공감한다는 것도 불가능할까요?

생각과 감정이 없는 로봇은

다른 행성에 생김새도 행동도 우리 인간과 똑같은 로봇들이 살고 있다고 상상해 보세요. 인간의 신체 조직과 동일한 재료로 만들어진 로봇입니다. 하지만 고도로 발달한 컴퓨터인 로봇은 그 자체의 생각과 감정은 갖지 못하고, 단지 그 행성의 모든 일들을 기록하기 위해서만 존재할 뿐이랍니다.

이 로봇이 여러분과 어떤 식으로 얼마나 다른지 생각해 보세요.

03

언어란 무엇일까?

철학이란, 언어라는 수단으로 인해 우리의 오성이 마법이 걸리는 것을
막기 위해 벌이는 전투다.

비트겐슈타인

■ 비트겐슈타인
206쪽 참고.

언어가 우리에게 얼마나 중요한지 생각해 본 적 있나요? 우리는
매일 언어를 사용합니다. 하루 종일 말하지 않으려고 해 본다면 얼
마나 힘든 일인지를 알게 될 거예요. 특히 많은 사람들과 함께 있
을 때는 더하지요. 아무 생각도 하지 않고 하루를 보내는 것은 이
보다 더 어려운 일일 것입니다. 아니 거의 불가능에 가깝겠죠.

말은 어떻게 배울까?

여러분이 정글의 동물들과 함께 자랐다고 상상해 보세요. 『정글북』에
등장하는 모글리의 경우처럼 여러분 주위에는 동물들밖에 없습니다.
사람이라곤 찾아볼 수 없어요. 이런 상황에서도 인간의 언어를
배울 수 있을까요?

04

말은 사실과 일치할까?

낱말과 세계의 관계

'책상', '의자' 혹은 '카메라'의 경우처럼 어떤 낱말은 특정한 대상을 가리킵니다. '부드러운', '달콤한', '빨간', '따뜻한', '더러운' 등과 같은 낱말은 사물이나 상황의 특성을 말해 줍니다. 그리고 '소풍'이나 '전쟁'의 경우처럼 특정한 일이나 사건을 가리키는 낱말도 있고, '서울'이나 '베를린'의 경우처럼 특정한 장소를 가리키는 낱말도 있습니다. 뿐만 아니라 '철수'나 '알렉산더'의 경우처럼 사람의 이름을 가리킬 수도 있죠.

그렇다면 낱말들은 우리의 세계와 어떤 관계를 맺고 있을까요? 낱말들이 어떤 식으로 의미를 갖는 걸까요?

사실과 일치하기 때문에 의미를 갖는다고 말할 수도 있겠죠. 예를 들어 "책상 위에 빨간 볼펜 한 자루가 있다."라는 문장은 특정한 정보, 즉 의미를 담고 있습니다. 왜냐하면 거기에 놓여 있는 대상은 '볼펜'이라고 불리고, 그 볼펜은 우리가 '빨간'이라고 부르는 색깔이며, 또 우리가 '책상'이라고 부르는 사물 위에 놓여 있기 때문이죠. 하지만 실은 그렇게 간단한 문제가 아니랍니다.

사실이란?

사실과 일치하기 때문에 우리가 낱말과 문장을 이해할 수 있다면, 이를테면 "내 방 창문 곁으로 인어 네 마리가 스치듯 날아갔다."라는 식의 표현은 어떻게 받아들여야 할까요? 이 문장이 어떤 사실과 일치합니까?

새로운 문장

누군가가 "훌란 핀텔라 보르다트."라고 말한다면, 여러분은 아마 그 사람이 정신 이상자이거나 아니면 외국어를 하고 있다고 생각할 것입니다. 하지만 "그는 명경처럼 맑고 순수한 마음씨를 가졌다."와 같은 문장은, 비록 '명경'이라는 낱말을 한 번도 들어 본 적이 없어도 대충 그 의미를 이해할 수 있을 것입니다. 어째서 그럴까요?

부분에서 전체로

"명경처럼 맑고 순수한 마음씨"와 같은 새로운 낱말 조합을 이해할 수 있는 것은, 우리가 이미 각각의 낱말을 알고 있고 낱말들을 결합하여 새로운 문장을 만드는 방법도 어느 정도 익혔기 때문입니다. 하지만 이것으로 각각의 낱말이 특정한 의미를 갖는 방식을 완전히 설명했다고 말하기에는 아직 이르답니다.

사전에 따르면

사전을 통해 각 낱말의 의미를 배울 수 있다는 주장도 설득력이 없습니다. '악순환 혹은 악마의 고리'란 1950년대에 몇몇 언어철학자▪들이 즐겨 이용한 일종의 언어 놀이랍니다. 여러분도 직접 해 보세요.

▪ 언어철학자
205쪽 참고.

사전에서 '존재하다'라는 단어를 찾아보세요. '존재하다'라는 낱말의 의미를 알면 여러모로 이점이 있습니다. 고대로부터 현재에 이르기까지 끊임없이 많은 철학자들이 골머리를 앓았던 문제가 바로 존재하다는 것에 대한 물음이었으니까 말입니다.

사전에 따르면 '존재하다'는 '있다', '실재하다' 혹은 '존속하다' 등의 낱말들과 거의 비슷한 의미입니다. 그러면 이번에는 '실재하다'라는 단어로 가 봅시다. 거기서도 여러분은 또 다시 비슷한 의미를 지닌 일련의 낱말들과 마주치게 됩니다.

그리고 이런 식으로 계속 사전을 찾아나가다 보면 어느 순간 원래의 출발점이었던 '존재하다'라는 단어로 되돌아오게 됩니다. '진리'나 '현실'과 같은 낱말로 시험해 보아도 결과는 마찬가지일 것입니다. 여러 사전을 펼쳐 놓고 각 사전마다 같은 낱말을 어떤 식으로 설명하는지 비교해 보는 것도 재미있겠죠.

관념이란

우리가 사용하는 낱말들이 특정한 의미를 갖는 것은 우리의 감각기관을 통해 얻어지는 상(像)과 해당 낱말이 일치하기 때문이라고도 설명할 수 있습니다.

피자 가게에 들러 피자 하나를 주문한다고 해요. 접시에 담겨 나온 피자가 아주 맛있어 보입니다. 코끝을 스치는 향긋한 냄새가 식욕을 자극합니다. 한 조각 입에 넣어 보니 뜨겁긴 하지만 아주 맛있습니다. 그러한 체험이 여러분에게 특정한 인상 혹은 느낌을 남깁니다. 그리고 이러한 인상 혹은 느낌으로 인해 '피자'라는 낱말은 하나의 의미를 갖게 됩니다.

나중에 여러분이 그 낱말을 듣게 되면 그것이 무엇을 의미하는지 단박에 알아챕니다. 피자 가게에 앉아 있지 않아도 이전에 먹어 보았을 때 그 맛과 기분이 어땠는지를 기억하기 때문이죠. 물론 실제로 피자를 먹는 상황보다는 체험의 강도가 떨어지겠죠. 약간은 엉성한 복제라고나 할까요. 이러한 복제들을 일컬어 철학용어로 '관념'이라고 합니다.

재래시장은 메스꺼움과 같은 의미를 갖는가?

재래시장에 들렀다고 생각해 보세요. 현대적으로 단장한 백화점이나 쇼핑몰과는 달리 재래시장은 대개 허름하고 약간은 지저분합니다. 게다가 생선 비린내 때문에 하마터면 토할 뻔하고, 사람들 틈을 비집고 다니느라 파김치가 되어 집으로 돌아옵니다. 그런 기억 때문에 나중에는 '재래시장'이라는 말만 들어도 메스껍습니다. 그렇다면 '재래시장'이라는 낱말이 '메스꺼움'이나 '피곤함'과 동일한 의미를 지닐까요? 물론 그렇지는 않답니다.

개 한 마리가—이를테면 검은 개 한 마리가—나무에 오줌을 누는 것을 목격했다고 가정해 봅시다. 그런 기억 때문에 다른 사람들이 '개'라는 말을 입에 올릴 때마다 검은 개만 떠올려야 할까요? 아니라면 생각할 수 있는 모든 색깔 혹은 모든 종류의 개들에 해당하는 각각 다른 관념들을 머릿속에 쟁여야 하지 않을까요?

일련의 관념들

낱말들이 관념들에 상응한다면, 우리가 아주 빠른 속도로 말을 할 수 있다는 사실은 어떻게 설명될까요? 우리가 일련의 관념들을 자유자재로 다룰 수 있기 때문에, 말을 하는 순간 관념들이 자동적으로 정리되어 차례차례 튀어나오는 것일까요? 심지어 우리는 종종 전혀 생각지도 않은 말을 무의식적으로 내뱉기도 합니다. 어떻게 이런 일이 가능할까요?

33

언어는 개인적인 것이 아니다

대부분의 사람들은 여러 사람이 무엇인가를 함께 체험할 때 언어가 하나의 의미를 갖게 된다고 생각합니다. 우리가 사용함으로써 비로소 언어가 의미로 채워진다는 것이죠. 다시 말해 관념이건 혹은 그와 유사한 그 무엇이건 간에, 원래부터 낱말들에 특정한 의미를 부여하는 것은 존재하지 않는다는 뜻입니다.

동일한 사물, 동일한 낱말?

동일한 종류의 사물에는 동일한 낱말을 사용하는 것이 실용적인 것처럼 보입니다. 사물마다 제각각의 명칭이 붙여진다면 그 숫자는 한도 끝도 없을 테니까 말이에요. 무수한 사물마다 어떻게 일일이 명칭을 부여할 수 있을까요? 물건을 살 때는 또 무엇이라고 주문을 해야 할까요? 사과마다 고유한 명칭이 있다면 과연 어떻게 될지 상상해 보세요.

말은 만들어진다

외딴섬에서 수백 명의 다른 아이들과 함께 살고 있다고 상상해 보세요.
몇몇 아이들이 전혀 들어 보지 못한 새로운 말을 하나 사용하기
시작했습니다. '구름돌'이라는 낱말입니다. 아이들은 대부분
'구름돌'이라고 말할 경우 무엇을 의미하는지 알고 있다고 믿습니다.
그래서 바보 취급당하지 않으려고 잘 구르는 둥글둥글한 돌을 일컬을
때 그 낱말을 씁니다. 그 낱말은 금세 퍼져 나가 오래지 않아 섬의
거의 모든 아이들이 사용하게 됩니다. 생각하는 것을 더 정확하고
상세히 표현할 수 있다는데 굳이 누가 반기를 들겠습니까? 이제
구름돌은 평범한 돌이 아니죠.

그런데 어느 순간 몇몇 아이들이 그 낱말을 잘못 사용하고 있다고
지적합니다. 보통의 돌과는 달리 일직선으로 구르는 돌만
'구름돌'이라는 거죠. 그 낱말을 처음으로 사용하기 시작한 아이들이
돌의 모양을 연구하는 과정에서 여러 개의 새로운 낱말들을 만들어
낸 것입니다. 하지만 나머지 아이들은 모두 그와 같은 논리에는
관심도 없습니다. 단지 '구름돌'이라는 낱말이 마음에 들어 사용할
뿐이죠.

이 경우 한 낱말의 의미를 결정하는 권한은 과연 어느 편에 있을까요?
실제로 '구름돌'은 어떤 의미를 갖는 걸까요? 왜 그럴까요?

범주란

우리는 사물이나 상황 혹은 사건을 이를테면 옷, 책, 나무, 동물, 축구 등등 여러 다양한 범주로 구분합니다. 서로 유사한 사물이나 사건을 하나의 종류나 범위로 묶는 거죠. 나아가 하나의 범주를 하위의 범주들로 세분화하기도 합니다. 예를 들어 동물이라는 하나의 범주가 다시 곤충, 물고기, 새, 네발짐승 등등으로 나누어지는 것이죠.

하지만 어떤 사물들이 유사한지 판단하는 것은 결코 쉬운 일은 아니랍니다. 겉모습이 다른 사물들을 동일한 범주에 넣는 이유를 설명하려면 엄격한 판단 기준부터 마련해야 하니까요.

범주는 다양하다

이를테면 사과는 품종과 색깔에 따라 구분됩니다. 뿐만 아니라 출하할 때 가격을 정하기 위해 등급을 매길 때는 그 크기와 당도 등에 따라 다시 나뉩니다.

잘못된 범주

누군가가 음료수와 콜라, 사이다를 마시고 싶다고 하면 이상하게 들릴 것입니다. 왜냐하면 콜라와 사이다도 음료수이기 때문입니다. 다시 말해 콜라와 사이다는 '음료수'라는 범주에 속합니다.

분류란

체스의 말 12개를 세 가지 묶음으로 나눈다고 해 봅시다. 당연히 유사한 말들끼리 묶어야겠죠. 말들의 특징을 서로 비교한 후 분류해 보세요. 그런 다음 그 결과는 알려 주지 않은 상태에서 친구에게도 같은 방식으로 분류해 보게 합니다. 친구도 여러분과 같게 분류했나요?

말들을 여러 개의 묶음으로 나누는 과정에서 여러분은 '범주들'을 새로 만들어 낸 것입니다.

왜 그렇게 분류했나?

다른 방식의 분류도 가능할 것입니다. 그렇다면 더 좋은 분류 방법이 있는 걸까요? 분류된 각 묶음을 다시 두 가지 새로운 묶음으로 나누어 보세요. 물론 이 경우에도 유사성이 있어야 하겠죠.

말이 실제를 만들까?

말을 주고받을 때, 서로에 대한 이해와 지칭하는 사물, 사건, 장소, 인물 등이 대략 일치하는 것이 전제 조건인 것처럼 보입니다.

아니면 대화할 때 지칭함으로써 우리가 사건, 장소, 혹은 여타의 현상들을 만들어 내는 것일까요? 그날을 지칭하는 말이 없어도 '크리스마스'가 존재할까요? 크리스마스를 크리스마스로 만드는 것은 도대체 무엇일까요?

다른 범주들

앞에서 말한 외딴섬에서 친구들과 탐험 여행을 떠난다고 해 봅시다.
며칠 동안 숲과 해안을 헤매고 돌아다닙니다. 그러던 어느 날 작은
마을이 나타나고, 그곳에서 일을 하고 있는 원주민들과 마주칩니다.
전혀 알아들을 수 없는 말을 합니다. 약간 무섭지만 여러분은 그들에게
다가가며 손을 내밉니다. 사람들은 친절해 보였으나 손을 맞잡아 주지는
않습니다. 인사법이 서로 달라서 그런 모양입니다.
그때 갑자기 토끼 한 마리가 폴짝폴짝 뛰어갑니다. 그러자 원주민
한 사람이 "가바이! 가바이!"라고 소리칩니다.
"너희들도 들었지? 우리도 이제 저들이 사용하는 낱말 하나를
알게 된 거야. '가바이'는 '토끼'를 의미하는 게 분명해."
아담이 흥분한 목소리로 말합니다.
"어쩌면 다른 토끼들도 보게 될지 몰라."
사라가 끼어듭니다.
"그때 네 말이 맞는지 확인해 보자."

얼마 후에 아이들은 근처에 있는 동굴로 안내됩니다. 그곳에는 몇 명의
원주민이 모닥불을 피워 놓고 분주히 움직이고 있습니다. 큰 냄비 옆에
죽은 토끼 세 마리가 놓여 있는 것으로 보아 저녁 식사를 준비하는
모양입니다.

"가바이! 가바이!"

토끼들을 가리키며 아담이 소리칩니다.

그러자 그들 중 한 사람이 '가바이'라고 대답합니다.

"어때, 내 말이 맞지?"

흡족한 표정을 지으며 아담이 말합니다.

이 섬의 원주민들은 문명 사회에 살고 있는 사람들과는 전혀 다른 식으로 세상을 바라봅니다. 따라서 '가바이'이란 말이 '숲의 일부'를 의미할 수도 있고, 아니면 우리가 상상조차 하지 못하는 그 무엇인가를 가리킬 수도 있습니다. 어쩌면 '가바이'는 여러 의미를 동시에 갖고 있을지도 모릅니다. 그렇다면 이 낱말의 올바른 쓰임새를 누가 결정할 수 있을까요?

다른 나라 사람들은 세상을 우리와는 전혀 다른 범주들로 구분한다고 상상할 수 있나요?

언어는 인간이 만드는데

정확히 규정된 의미를 가진 낱말의 숫자는 고정되어 있는 것이 아니랍니다. 새로운 낱말들이 무시로 우리가 흔히 쓰는 말이 되고, 낡은 낱말들은 그 의미가 변하기도 하니까 말이에요. 예를 들어 우리의 부모가 어린이였을 때에는 '이메일'이라는 낱말은 존재하지 않았습니다.

여러분과 여러분의 친구를 포함하는 우리 인간이 언어를 만들어 냅니다. 풀이나 나무의 줄기 한가운데에 있는 심인 '고갱이'가 사물의 중심을 일컫는 '핵심'이라는 의미로도 사용된다는 사실을 모든 사람이 다 알고 있지는 못합니다. 새로운 낱말이 사전에 수록되기까지 얼마의 시간이 필요한지는 아무도 알 수 없습니다.

■ 정의
44쪽 참고.

사전은 낱말들이 정의*되고 사용되는 방법에 관한 정보를 제공합니다. 하지만 낱말들의 원래적인 의미와 그 의미가 변할 수도 있다는 사실에 관해서는 아무것도 말해 주지 못한답니다.

어떻게 틀린 언어를 쓸 수 있을까?

어떤 낱말을 모른다거나 잘못 사용할 경우 학교에서는 틀린 것으로 간주합니다. 그런데 언어를 만드는 주체인 우리 인간이 어떻게 언어의 오류를 범할 수 있을까요?

문법은 늘 같을까?

한국어에는 7가지 격이 있습니다. 주격, 서술격, 목적격, 보격, 관형격, 부사격, 호격 따위이지요. 하지만 이보다 더 적은 언어도, 더 많은 언어도 있습니다. 문법이란 신이 아니라 인간이 만드는 것이기 때문이죠. 장차 여러분이 언어 연구자가 된다면, 6가지 혹은 심지어는 13가지 격이 이상적이라고 주장할지도 모를 일입니다.

들판에 서 있다고 상상해 보세요. 산들바람이 불어옵니다. "바람이 분다."는 대신 "바람이 졸졸 흐른다."고 말할 수는 없을까요?

05

언어로 의사소통이
되는 걸까?

상세화란

의사소통에서 특히 낱말의 선택이 중요합니다. 상호간 의사 전달
이 100% 수준에 이르기는 사실상 불가능하지만, 오해를 최소화하
려면 가능한 한 정확하고 명료한 낱말을 선택해야 합니다.

한 예로 민수는 늘 "공부는 끔찍하다."고 말합니다. 하지만 이
경우 '끔찍하다'라는 낱말의 의미가 모든 사람에게 똑같은 식으로
이해되지는 않습니다. 다양한 의미 해석이 가능하겠죠. 여러분이
라면 어떻게 이해하겠습니까?

세분화란

"나는 채소를 산다."라는 문장은 아주 일반적인 표현입니다. "나는 상추와 오이를 산다."라는 문장은 더 상세한 표현이고, "나는 꽃상추와 노지오이를 산다."라는 문장은 여기서 다시 한 단계 더 세분화한 표현입니다. 채소라는 범주에서 차례차례 선택을 해 나감으로써 여러분은 이른바 세분화 과정을 밟습니다. 다시 말해 어떤 종류의 채소인지를 점점 더 구체적으로 말하게 되는 것입니다.

또 다른 유형의 구분 혹은 구별

이 책의 시작 부분에서 살펴보았듯이, '구분 혹은 구별'■이란 '쪼개어 나누거나 차이를 두는 것'을 의미합니다. 하지만 이것은 편의상 우리가 이용하는, 일종의 생각의 도구만은 아니랍니다. 다른 사람들과의 대화에서도 아주 중요한 역할을 한답니다. 형식과 내용의 구분이 그 좋은 예랍니다.

■ 구분 혹은 구별
13쪽 참고.

　함께 보았던 영화에 관해 이야기하면서 친구들의 찬사에 고개를 끄덕이며 맞장구를 친다면, 그것은 아마도 그 영화의 내용을 염두에 둔 의사 표현일 것입니다. 그 영화의 줄거리나 주제가 마음에 든다는 뜻이죠.

　하지만 형식이라는 문제로 넘어가면 상황이 그렇게 단순하지가 않습니다. 이를테면 현재와 과거를 계속 넘나들면서 줄거리를 헷갈리게 만드는 영상 기법은 형식에 속하기 때문이죠. 이로써 우리는 형식과 내용을 구분한 셈입니다.

정의한다는 것

정의에는 여러 가지 형태가 있을 수 있지만, 그 무엇보다도 낱말의 의미를 고정한다는 점이 중요합니다. 예를 들어 여러분은 '용돈'이라고 말할 때마다 그 낱말을 '군것질을 하는 데 쓰는 돈'이라고 한정할 수 있습니다. 따라서 이 경우의 용돈은 영화 관람과 같은 유흥비나 저축으로는 사용되지 않습니다. 이로써 여러분은 '용돈'이라는 낱말을 정의한 셈입니다.

만약 여러분의 부모님이 여러분과는 다른 정의를 선호한다면, '용돈'이라는 낱말에 대해 서로 공감할 수 있는, 하나의 공통된 의미를 찾아야겠죠.

명확하지 않은 낱말들

그 의미가 뚜렷하지 않은 낱말들도 많습니다. '저녁'이라는 말을 예로 들어 봅시다. 도대체 어느 시각부터 저녁이라 말할 수 있을까요? 많다, 적다는 어떤가요?

잘못된 추론

어떤 판단을 근거로 또 다른 판단을 내리는 것을 '추론'이라고 합니다. 추론이 늘 들어맞는 것은 아니랍니다. 아래의 예를 생각해 보세요.

천 개의 돌멩이로 이루어진 돌무더기가 있다고 가정해 봅시다. 거기서 돌멩이 하나를 덜어 내도 여전히 돌무더기입니다. 하나를 더 덜어 내어도 돌무더기인 것은 변함이 없겠죠. 이런 식으로 계속 무더기에서 돌멩이들을 하나하나 덜어 낸다고 생각해 보세요.

돌무더기와 돌멩이의 숫자가 많고 적음은 전혀 무관한 듯 보입니다. 계속 덜어 내도 무더기는 무더기니까요. 그렇다면 돌멩이가 하나만 남았을 경우, 혹은 심지어 하나도 없을 경우에도 무더기라고 말할 수 있을까요?

물론 아닙니다. 그렇다면 도대체 어디에 문제가 있을지 생각해 보세요.

■ **잘못된 추론**
사과를 한 입 베어 먹어도 사과이다. 또 한 입 한 입 계속 먹는다. 그러다 보면 어느 순간 사과인지 아닌지 불분명해진다. 사과와 사과가 아닌 것이 동시에 존재하게 되는 셈이다. 고대 철학자 제논이 즐겨 들었던 예이다.

동의어란

선생님께 '동의어'가 무언지 물어보면 아마 '같은 의미를 가진 낱말들'이라고 대답할 것입니다. 개성-특성, 구입-구매, 슬픔-우울, 등등 예도 알려 주시겠죠. 그렇다면 같은 의미란 대체 무얼 말하는 걸까요?

이번엔 밤, 발, 배 등과 같은 여러 가지 뜻을 가진 낱말들을 떠올려 보세요. 이 단어들을 써서 다양한 의미로 해석이 가능한 완전한 문장들을 만들 수는 없을지 생각해 보세요.

06

칩이 팝콘보다
더 맛있다?

사실

서울은 대한민국의 수도다.
우리 학교에는 휴게실이 있다.
민수는 대중음악을 즐겨 듣는다.
팝콘은 칩보다 싸다.

주장

서울은 불쾌한 도시다.
휴게실은 필요 없다.
대중음악은 지루하다.
칩이 팝콘보다 더 맛있다.

서울은 분명 대한민국의 수도입니다. 그렇다면 서울이 불쾌한 도시라는 것도 맞는 말일까요? 그렇다고 우긴다면야 어쩌지 못하겠지만, 일반적으로 이러한 유형의 주장은 '참이다' 혹은 '거짓이다'라고 말할 수 없습니다. 우리는 제각각 생각이 다르기 때문이죠. 어떤 사람은 파란색 운동화가 가장 멋지다고 생각하는 반면, 또 다른 사람은 흰색 운동화를 더 좋아할 수도 있는 것입니다.

누구의 판단이 옳을까요? 대부분의 사람들은 두 사람 다 틀렸다고 말할 것입니다.

참인가 거짓인가?

주장을 담고 있는 문장과 사실과 일치하는 문장을 몇 개씩 만든 다음, 그것들이 맞는 말인지 아닌지를 따져 보세요. 그 문장들이 참인지 거짓인지 정확히 판단할 수 있나요?

각각 다른 생각들

'좋다' 혹은 '나쁘다'와 같은 낱말을 포함하는 주장들은 참일 수도 거짓일 수도 없습니다. 개인마다 판단 기준이 다르기 때문에, 어떤 주장이 다른 주장보다 더 옳다고 말할 수는 없다는 뜻이죠.

어떤 사람들은 "동물을 식용으로 삼아서는 안 된다."고 주장하는 반면, 정반대의 주장을 내세우는 사람의 수도 그에 못지않습니다. 이로써 주장에 관한 한 '진실 혹은 진리'라고 말하는 것은 무의미하다는 점이 드러난 셈입니다. 우리가 어떻게 행동해야 하는가라는 문제를 다루는 윤리*적인 물음의 경우 개인의 견해 차이는 갈수록 오히려 커져 가는 추세랍니다.

■윤리
118쪽 참고.

　사실과 관련될 경우에는 견해 차이를 좁히거나 의견 일치를 보기가 상대적으로 쉽습니다. 과거에는 지구가 우주의 중심이고, 태양, 달 그리고 여타 많은 행성들이 지구를 축으로 회전한다는 것이 일반적인 생각이었습니다. 하지만 몇몇 사람들은 거꾸로 지구가 태양 주위를 돈다는 코페르니쿠스*의 생각에 동의했습니다. 오늘날 우리는 코페르니쿠스가 옳았다고 인정합니다.

■코페르니쿠스
190쪽 참고.

의견 일치

과학자들은 종종 사실들을 대상으로 논쟁을 벌입니다. 하지만 우리는 아주 많은 윤리적 문제에 관해 의견의 일치를 이끌어 냈습니다. 예를 들어 거의 모든 사람이 노예제도의 폐지에 찬성합니다.

　시간이 흐르면 아마 우리는 선과 악 혹은 참과 거짓으로 판단해야 하는 다른 많은 문제들에 있어서도 합의점에 도달할 것입니다. 그렇다고 의견 일치가 (유일하게) 옳은 해결책을 의미한다는 말은 아니랍니다.

그 자체의 가치

어떤 사물 혹은 대상은 인간에게 이롭거나 우리에게 다른 무엇인가를 가능하게 해 주기 때문에 특정한 가치를 가집니다. 이를테면 돈은 마음에 드는 물건을 살 수 있게 해 주기 때문에 하나의 가치

를 가집니다. 돈으로 음식, 휴대전화, 옷, 책 등을 살 수 있고 영화
도 볼 수 있죠. 돈은 그 자체만의 고유한 가치를 가지는 것이 아니
라, 목적을 위한 수단에 불과합니다.

여러분은 새로 산 휴대전화 덕에 기분이 좋아지기도 하죠. 그것
으로 다른 무엇인가를 얻을 수 있는가 하는 것과는 무관하게 그 자
체의 가치를 가지는 사물 혹은 대상을 떠올려 보세요.

07

어디까지
책임을 져야 할까?

언제부터 어른?

만 19세가 되기 전까지는 독자적으로 결정할 수 없는 일이 많습니다. 부모나 양육권을 가진 어른들이 여러분을 대신해 중요한 결정을 내립니다. 여러분의 동의를 구하기도 하지만, 때로는 여러분의 의지나 의사는 전혀 고려하지 않은 결정이 내려지기도 합니다.

그렇다면 미성년자*인 여러분은 당연히 자신과 관련된 결정권의 많은 부분을 다른 사람의 손에 맡겨야 하는 걸까요?

여러분의 부모님이 무엇인가를 하지 말라고 하는 상황을 떠올려 보세요. 부모니까, 혹은 그것이 책임이나 의무라고 생각하기 때문에 그렇게 하는 것이 무조건 정당할까요?

■ 미성년자
성년과 미성년의 기준은 나라마다 다르다. 많은 서구 나라들이 만 18세를 기준으로 하는데, 우리나라는 2013년 7월부터 만 19세가 기준이 된다. 주민 선거 투표는 2007년부터 만 19세 이상이면 할 수 있다.

53

그레고리 K의 경우

1992년 미국에서 12세 소년이 법정에서 자신에 대한 엄마의 양육권을 박탈해 달라고 호소했습니다. 그의 엄마가 개인적인 문제로 어려움을 겪고 있었을 때 임시로 자신을 맡았던 가족에게 입양되기를 원한다는 것이었죠. 법정에서 긴 시간 자신이 처한 상황을 설명한 끝에, 그 소년은 소송에서 이겨 엄마에게 다시 돌아가지 않게 되었습니다.

당시 그 사건은 엄청난 관심을 불러일으켰답니다.

두 가지 원칙

■ **인권과 권리**
인권은 인간이 인간답게 살기 위한 정치·경제·사회·문화적 권리 및 지위와 자격을 총칭하는 개념이다. 인권이 법적, 도덕적 권리를 포괄하며 평등과 공공성에 기초를 두고 있다면, 권리는 사적인 이해의 추구를 포함한다는 점에서 다르다.

오늘날 아이들은 옛날보다는 훨씬 많은 권리˚를 갖게 되었습니다. 이 문제와 관련된 논의에서는 두 가지 원칙이 맞섭니다. 첫 번째 원칙은, 아무리 미성년자라도 특정한 연령이 지나면 이성적인 인격체로 간주되면서 자신의 삶에 대한 결정권을 갖는다는 논리를 바탕으로 합니다.

그리고 두 번째 원칙은, 자신에 대해 최선의 선택을 할 수 없을 경우 인간의 자기결정권은 제한되어야 한다는 가정에서 출발합니다.

여러분의 생각은?

- 여러분은 여러분 자신에 대해 최선의 선택을 할 수 있나요?
- 다른 사람에게 여러분 자신과 관련된 결정권을 맡기는 것이 어쩌면 최선책이 아닐까요?
- 부모가 이혼할 경우 엄마와 아빠 중 누구와 함께 살 것인지를 아이들 스스로가 결정할 수는 없을까요?

다른 사람에게 최선의 삶을 강요하는 것은 정당한가?

외딴섬에서 살아가는 중 까다로운 문제가 생겼습니다. 누군가가 새로

발견한 식물의 잎을 먹기 시작하자 점차 너도나도 따라 합니다.

처음에는 별 탈 없이 지나갔지만, 몇 달이 지나면서 하나둘씩 아프기

시작합니다. 그것은 독성이 있어서 먹을 수 없는 식물이었던 거죠.

하지만 몇몇 아이들은 나머지 친구들의 경고에도 아랑곳 않고

그 식물을 계속 먹습니다. 그러면서 말합니다.

"우리 문제니까 너희들은 신경 꺼! 맛만 좋으면 그만이지,

아픈 것 따위는 상관없어."

이런 상황에서 여러분이라면 어떻게 하겠습니까? 주위에 조언을 구할

어른이 아무도 없답니다.

08

정의란 무엇인가?

공평하게?

"공평하게 나눠!"라는 말을 들어 본 적이 있을 것입니다. 너무나 간단한 말처럼 들리지만, 실제로는 그렇지도 않답니다.

어떤 현상 공모에서 여러분의 학급이 당첨되었다고 가정해 보세요. 상품으로 맛있는 케이크 5개를 받았습니다. 5개라면 적지 않지만, 학급 친구는 30명이나 된답니다.

"공평하게 나눠 먹어."

라고 한마디 던진 후 선생님은 교실 밖으로 나가십니다.

"그게 뭐 어렵다고."

어깨를 으쓱해 보이며 미라는 재빨리 몇 조각씩으로 나눌지를 계산합니다. 잠시 후 미라는 친구들을 향해 소리칩니다.

"이러면 되겠다. 케이크를 각각 여섯 조각씩으로 자르는 거야. 반대하는 사람 없겠지?"

"잠깐만!"

민주가 끼어듭니다.

"그런 식으로 똑같이 나누면 안 되지."

현상 공모에 참가하자고 제일 먼저 제안한 사람은 영준입니다. 그의 제안이 없었다면 케이크도 없는 셈이죠. 따라서 영준에게 특별히 큰 조각이 돌아가야 된다고 말할 수도 있지 않을까요?

현상 공모에 나온 문제 대부분을 맞춘 것은 윤희랍니다. 그러기 위해 집에서 여러 종류의 사전을 뒤지느라 며칠 밤을 새웠습니다. 윤희에게도 보너스가 지급되어야 하지 않을까요? 반면 찬희는 아무런 기여도 하지 않았습니다. 그런데도 윤희와 똑같은 크기의 조각을 나눠 준다면 공정하다고 말할 수 있을까요?

현주는 엉터리 답만 제시했을 뿐입니다. 그렇긴 하지만 오늘 늦잠을 자느라 아침밥을 먹지 못해 지금 배가 고파 쓰러질 지경입니다. 그러니 인정상 다른 친구들보다 큰 조각을 나눠 줄 수도 있지 않을까요? 희준은 쉬는 시간에 교내 매점에서 군것질을 했기 때문에 이미 배가 부릅니다. 따라서 희준보다는 현주에게 케이크가 더 절실히 필요하겠죠.

민준은 학급의 그 누구보다도 크림케이크를 좋아합니다. 그러니 그에게도 큰 조각을 나눠 주는 건 어떨까요? 집이 가난해서 현진이는 단 한 번도 크림케이크를 먹어 보지 못했답니다. 그러니 슬쩍 한 조각 더 건네면 좋지 않을까요?

그렇다면 이 모든 사정을 감안할 때 어떤 기준에서 분배하는 것이 공평 혹은 공정할까요?

생각해 볼 수 있는 몇 가지 규칙

- 각자 필요한 만큼 갖는다.
- 각자 기여한 만큼 갖는다.
- 각자 좋아하는 정도에 따라 갖는다.
- 무엇인가 먹을 것을 발견할 경우, 발견한 사람에게는 일정 부분을 추가로 배분해야 한다.
- 모두가 항상 똑같이 나눠 가진다.

필요에 따라?

여러분의 가족이 식탁에 둘러앉아 있다고 가정해 봅시다. 식구는 모두 4명인데 메뉴는 삶은 감자 10개입니다. 모두에게 공평하려면 어떻게 분배해야 할까요? 배가 고픈 정도에 따라 나눠야 할까요? 2개만 먹어도 배가 부르는데, 그래도 형이나 언니와 똑같은 양을 고집하는 게 과연 정당할까요?

누구를 위한 정당성인가?

어른들은 종종 자신이 잘 알고 있는 사람들과만 무엇인가를 나눠 가져야 한다고 생각합니다. 모든 사람과 나누면 더 좋을 텐데 말이에요. 어른들이 낯선 사람과 나눠 가지는 경우는 아주 드뭅니다. 예를 들어 가난한 나라의 사람들과도 나눠 가지면 좋을 텐데, 왜 그렇게 하지 않는 걸까요?

자연의 제비뽑기?

인간은 누구나 이른바 '자연의 제비뽑기'에 참여하고 있는 셈입니다. 어디에서 어떤 특성을 지니고 태어나는가 하는 문제에는 아무런 결정권이 없답니다. 부모조차도 스스로 선택할 수 없답니다. 대부분 건강하게 태어나지만, 허약하거나 희귀한 병을 안고 태어나는 사람도 많지요.

어떤 사람은 장수하지만, 어떤 사람은 일찍 죽습니다. 백인으로 태어나는 사람이 있는가 하면, 갈색이나 검은색 피부로 태어나는 사람도 있습니다. 게다가 사람마다 타고난 특성이나 소질이 제각각입니다.

공정성을 위한 규칙들

외딴섬에서 사이좋게 생활하기 위해서는 여러분 스스로가 무엇이
공정한지를 밝히는 규칙들을 미리 정해야 합니다. 그러지 않을 경우,
물고기를 잡거나 무엇인가를 수확하는 등 먹을 것이 생길 때마다
다툼이 일어날 것이 불 보듯 빤하기 때문이죠.
앞으로 함께 살아 나가야 할 섬에서의 생활 여건을 여러분과 친구들
스스로가 결정해야 한다고 상상해 보세요.
여러분 모두는 자신들에 관하여 전혀 모르는 상태랍니다. 예를 들어
자신이 약골인지 건강한 사람인지, 남자인지 여자인지, 혹은 어떤
일을 좋아하고 있는지에 대하여 완전히 백지상태입니다. 이처럼
자신이 장차 어떠한 사회적 위치를 갖게 될지를 전혀 모르는 "무지의
장막 뒤에" 서 있을 때에야 비로소 공정한 법칙 혹은 규칙을 만들어
낼 수 있다는 철학자도 있답니다.

철학상

■ **존 롤스와 무지의 장막**
'무지의 장막(veil of ignorance)'이란 존 롤스가 1971년에 출간한 『정의론』에 나온 용어이다.

■ **롤프-쇼크-상**
철학자이자 예술가인 롤프 쇼크의 유산으로 1993년에 제정된 상으로, 2년마다 분야별 수상자를 정한다.

1999년 미국의 철학자 존 롤스(1921~2002)▪는 사회의 정의에 관한 이론으로 스웨덴에서 제정한 '롤프-쇼크-상'▪을 받았습니다. 이 상은 노벨상에 버금하는 권위를 지닌 것으로서, '논리학과 철학', '수학', '예술' 그리고 '음악'으로 시상 분야가 세분화되어 있답니다.

인간의 타고난 본성은

정의가 무엇인지 혹은 사회가 어떻게 구성되어야 하는지에 관해 고민할 경우, 철학자들은 인간이란 특정한 성향을 지니고 태어난다는 전제에서 출발합니다. 그들은 먼저 인간의 타고난 본성을 추정합니다. 인간은 원래 이기적이라 자기 자신밖에 생각하지 않는다고 가정할 수도 있고, 반대로 인간은 원래 선한 존재이고 따라서 다른 사람의 행복도 소중하게 여긴다고 가정할 수도 있을 것입니다.

존 롤스의 이론은 이중 첫 번째의 가정, 즉 인간은 이기적이고 자기 자신의 이익만 생각할 뿐이라는 가정에 토대를 두고 있습니다. 물론 그의 가정이 반드시 옳다는 말은 아니랍니다.

우리 자신을 위해 최선의 것을 추구하면서 동시에 다른 사람들에게도 이익이 되는 게 가능한 일일까요?

09

자격은 어떻게 주어지나?

누구에게 어떤 자격이?

"숙제한다고 고생 많았다. 자, 용돈이다. 넌 용돈 받을 자격이 충분해."

여러분은 학교에 다니는 내내 열심히 노력했습니다. 선생님은 여러분 또래의 학생이 할 수 있는 최선의 것을, 아니 그 이상을 이루어 냈다고 칭찬합니다. 또 그렇기 때문에 용돈을 받을 자격이 있다는 것입니다.

하지만 도대체 왜 그럴까요? 게으르고 칠칠치 못한 지호는 왜 용돈을 조금만 받아야 하는 걸까요? 어쩌면 게으른 천성을 타고났을 수도 있지 않을까요? 그런데도 그 때문에 벌을 받는다면 그게 정당한 일일까요?

앞서 언급한 자연의 제비뽑기와 연관해서도 자격의 문제를 따져 물을 수 있지요. 자연의 도박에 참여하고 있다는 말은 곧 인간은 누구나 자신의 의지와는 무관하게 태어난다는 뜻입니다. 따라서 우리는 어떤 사람이 진실로 다른 사람보다 더 많이 가질 자격이 있는지에 관해 의문을 제기할 수 있는 것입니다. 그럼에도 불구하고 특정한 사람들이 더 많은 칭찬과 관심을 받는 것은 왜일까요? 그 것이 과연 정당한가요?

학교에서의 포상

학기가 끝날 때마다 자신들의 생각에 그럴 만한 자격이 있다고 판단되는 학생들을 선정하여 상을 주는 교사들도 있습니다. 부지런하니까 당연히 대가를 받아야 하므로 상을 준다고 가정해 봅시다. 그렇다면 열심히 노력하기만 하면 상을 받아야 마땅하겠죠. 하지만 문제가 그렇게 간단하지만은 않답니다.

그런 식으로 상을 주는 일에 대한 논리적이고 합리적인 근거가 과연 있을까요? 어쩌면 이들 교사들은 그렇게 하면 선물을 받기 위해 나머지 학생들도 더욱 더 열심히 노력할 것이라고 믿고 있을 수도 있겠죠.

하지만 아무리 열심히 노력해도 좋은 성적을 얻지 못하는 학생들도 있지 않겠습니까? 혹은 다른 학생들보다 훨씬 더 열심히 노력했지만, 노력을 조금 늦게 시작한 학생의 경우는 어떻게 하죠? 가난해서 집안일을 도와야 하기 때문에 학교생활에 전념할 수 없는 학생은 또 어떻고요? 차라리 그런 학생들을 격려하기 위해 상을 주는 것이 더 옳지 않을까요?

10

모든 것을 투표로
결정할 수 있을까?

다수결은 늘 정당할까?

며칠 후면 학급 소풍을 가는데, 어디로 가야 할지 친구들의 의견이 엇갈립니다. 그러자 담임 선생님이 표결을 제안하면서, 몇몇 예정지를 칠판에 적습니다.

1. 야외 수영장

2. 소프트볼 경기장

3. 동물원

투표가 시작됩니다. 투표로 목적지를 정하는 것에 모두들 찬성하는 눈빛입니다. 득표수가 가장 많은 곳이 목적지가 되는 것이죠. 어쩌면 불과 한두 표 차이로 당락이 결정될지도 모릅니다.

그렇다면 무엇인가 결정해야 할 경우 무조건 표결에 부치는 것이 과연 최선의 방법일까요? 문제가 그렇게 간단하지만은 않답니다.

재현이는 수영을 못합니다. 그래서 수영장이라는 말만 들어도 오금이 저려 옵니다. 어쩌면 그의 두려움이 나머지 친구들의 즐거움보다 더 클지도 모릅니다.

소풍 목적지가 소프트볼 경기장으로 결정될 경우, 최소한 세 명의 친구는 그날 하루를 엉망으로 보내야 할 것입니다. 소프트볼에는 흥미도 소질도 없으니까요. 수영에 대한 재현이의 두려움보다도 이들 세 사람의 두려움이 오히려 더 크다고 말할 수 있을 정도랍니다.

아이들이라면 누구나 동물원에 가는 것을 좋아합니다. 그런데 소미에게는 동물 알레르기가 있습니다. 그리고 태호는 동물들이 괴롭힘을 당하는 것 같아서 동물원을 싫어합니다.

이런 상황에서 과연 어떤 결정을 내려야 옳을까요? 특히 어떤 점을 고려해야 할까요? 다수가 원한다고 무조건 정당한가요?

■ **투표의 역설**
투표에서 진행을 맡은 사람은 큰 영향력을 행사할 수 있다. 순서에 따라 최종 승자가 달라지는 점을 이용하여 특정한 인물이나 안건에 유리하게 순서를 정할 수 있기 때문이다. 의사결정을 할 때 투표에만 의존한다는 것이 한계가 있다는 것을 잘 보여 준다.

투표의 역설"

현주, 민희 그리고 영지는 어떤 프로젝트에서 서로 팀장을 맡으려고 팽팽히 맞섭니다. 그러다 결국에는 투표로 결정하자고 의견을 모읍니다. 먼저 현주와 민희 중 한 사람을 선택합니다. 그런 다음 다시 그 승자와 영지 중 한 사람을, 다시 말해 현주와 영지 혹은 민희와 영지 중 한 사람을 최종적으로 선택하는 것이지요. 현주는 자신이 선택되기를 희망하지만, 만약 자신이 패할 경우 민희가 팀장이 되기를 원합니다. 당연히 민희도 자신이 선택되기를 희망하지만, 만약 자신이 패할 경우 영지가 팀장이 되기를 원합니다. 끝으로 영지도 팀장이 되고 싶지만, 자신이 선택되지 못할 경우 현주를 팀장으로 밀려고 합니다. 과연 누가 팀장이 될까요?

영지가 팀장으로 뽑힙니다. 첫 번째 경합에서 빠졌기 때문이죠.

여러분도 직접 해 보세요. 위와 같은 방식으로 세 사람이 각각 자신에게 표를 던진다고 가정합니다. 그리고 세 사람 모두 자신이 선택되지 않을 경우 지지하는 사람이 겹치지 않도록 정합니다. 그러면 그 결과는 어떨까요? 예외 없이 첫 번째 경합에 참여하지 않는 사람이 반드시 이긴답니다.

11

모든 사람이
그렇게 하기 때문에?

모두 최선을 추구한다면?

자기 자신을 위한 최선의 것을 추구하면서 동시에 다른 모든 사람들에게 유익할 수도 있습니다. 하지만 모든 사람이 그렇게 할 경우, 오히려 모두에게 나쁜 결과를 가져오는 상황이 발생할 수도 있답니다.

여드름이 많아서 비누를 되도록 사용 안 한다고 가정해 보세요. 함께 수영장을 사용하는 친구들도 마찬가지랍니다. 실제로 비누는 여드름을 악화시키기도 합니다. 하지만 모두가 비누를 사용하지 않는다면 당연히 수영장의 물이 더러워지겠죠.

수영장 관리인은 어쩔 수 없이 물에 넣는 염소의 양을 늘려야 할 것입니다. 그런데 염소도 피부에 나쁘답니다. 어떻게 해야 할까요?

아주 조금의 특혜?

어느 호숫가에 한 가족이 살고 있습니다. 호수에는 물고기가 적기 때문에 낚시는 엄격히 금지됩니다. 그 가족은 비록 굶지 않지만 겨우겨우 생계만 유지하고 있답니다. 거기서 아주 조금 더 나은 생활을 할 수 있도록 그 가족에게만 특별히 낚시를 허용할 수도 있습니다. 그 가족이 낚시를 한다고 호수의 생태계가 바뀌지는 않습니다. 물고기의 숫자는 계속 늘어 갈 것이고, 그 가족의 생활도 조금은 더 나아지겠죠.

또 다른 한 가족에게 낚시를 허용한다고 해도 상황은 그리 달라지지 않을 것입니다. 하지만 그런 식으로 여러 가족들에게 계속 낚시를 허용하다 보면, 어느 순간 물고기의 숫자가 급격히 줄어들면서 모든 사람의 기본적인 생계조차 위협받게 될 것입니다.

이런 경우 어떻게 해야 할까요?

자식들과 손자들을 위해?

여러분도 들어서 잘 알겠지만, 지금의 어른들은 수많은 동물들을 멸종시켰을 뿐만 아니라 지하자원을 마음대로 사용하고 자연을 파괴해 왔습니다. 산과 들을 파헤쳐 수많은 터널을 뚫고 도로와 다리를 만들었습니다.

모든 세대가 이렇게 한다면 장차 어떤 결과가 초래될까요? 지금의 우리가 단지 조금 더 빨리 이동하고 조금 더 편리하자고 자연을 마구 파괴하는 행위는 정당화되기 어렵죠.

아직 세상에 태어나지 않은 미래의 우리 자손들을 위해 지금 우리가 하지 말아야 하는 일에는 어떤 것들이 있을까요? 새로운 도로를 거부하는 대신 한 시간 늦게 등교하는 불편을 감수할 의향이 있나요?

12

지식이란 무엇인가?

지식과 앎

지식을 갖는다는 것은 무엇인가를 안다는 것을 의미합니다. 그렇다면 '앎'이란 무엇일까요? 사실 '지식'과 '앎'은 우리를 헷갈리게 만드는 아주 까다로운 낱말이랍니다. 사전에서 두 낱말을 찾아 그 의미를 서로 비교해 보세요.

다양한 유형의 지식들

2에 2를 더하면 4라는 특정한 지식이 얻어진다고도 할 수 있습니다. 하지만 대부분의 지식은 경험에 토대를 두고 있답니다. 다시 말해 자신의 눈으로 직접 확인함으로써 어떤 사실을 있는 받아들이는 것이죠. 포유동물은 살아 있는 새끼를 낳는다는 사실이 그 좋은 예라 할 수 있습니다.

감각과 앎

여러분의 감각이 여러분을 속일 수도 있다고 생각해 본 적 없나요? 실제로는 침대에서 꿈을 꾸고 있는데, 여러분은 숲을 달리고 있다고 확신합니다. 환각 상태에 빠져서, 분명 깨어 있는데도 실제로 존재하지 않는 상황들을 상상하기도 합니다.

멀리서 바라보면 가까이에서 볼 때보다 모든 것이 훨씬 더 작아 보입니다. 하지만 가까이에서 볼 때조차도 어떤 것은 우리를 속일 수 있습니다. 7＋5＝12라는 공식마저도 완전히 믿지 못할 경우가 생기지 않는다고 장담할 수는 없답니다. 어쩌면 '악마'가 여러분에게 그렇게 속삭이는지도 모르죠. 어쨌든 사물이나 상황을 의심하게 만드는 이유는 항상 존재합니다.

여러분이 그야말로 확실히 알고 있다고 말할 수 있는 것이 과연 존재할까요?

'믿다'와 '알다'의 차이

'믿다'와 '알다'는 같은 말이 아닙니다. 우리는 많은 것들을 확실하다고 믿습니다. 하지만 무엇인가를 안다고 믿는 것은 실제로 그것을 안다는 것을 의미하지는 않는답니다.

『해리 포터』 시리즈의 저자가 J. R. 에링이라고 알고 있었는데, 실제로는 J. K. 롤링이라는 사실을 확인했을 경우, 여러분이 이렇게 말한다면 이상하게 들릴 것입니다.

"저자가 에링인 줄 알았는데, 그건 틀렸더라. 지금은 롤링이라는 사실을 알고 있거든."

여러분은 알고 있다고 믿었지만, 실제로는 착각이었던 것이죠.

무엇인가를 그렇다고 믿었는데 그것이 우연히 사실로 밝혀지는 경우도 종종 있습니다. 재민이는 서울 팀과 부산 팀 간의 축구 경기를 보러 갔습니다. 여러분은 경기장에 가지 않았지만, 부산 팀이 이겼을 거라고 믿습니다. 나중에 집에 돌아온 재민이의 말에 의하면 실제로 부산 팀이 이겼습니다.

그렇다고 여러분이 결과를 미리 알고 있었다고 주장할 수는 없습니다. 추측을 했는데 우연히 맞아떨어진 것에 불과하기 때문이죠. 무엇인가를 '안다'고 말하기 위해서는 우연히 맞아떨어지는 것, 그 이상이 필요합니다.

지식이란 무엇인가?

특정한 지식을 갖고 있다고 주장하기 위해서는 일반적으로 다음과 같은 세 가지 조건을 충족시켜야 합니다.

- 무엇이 어떤 방식으로 구성되거나 진행된다고 믿는다.
- 그렇게 추정할 타당한 이유가 있다.
- 실제로 그렇다.

『해리 포터』 시리즈의 저자로 예를 들어 볼게요.
- 나는 『해리 포터』의 저자가 J. K. 롤링이라고 믿는다.

- 그렇게 추정할 타당한 이유가 있다.
- 실제로 『해리 포터』의 저자는 J. K. 롤링이다.

타당한 이유란?

'타당한 이유'에는 어떤 것들이 있을 수 있을까요? 예를 생각해 봅시다.

예를 들어 여러분 스스로가 자유의지를 행사한다고 할 수 있는 타당한 이유 혹은 근거를 제시해 보세요.

■ **전지적**
마치 신처럼 사물과 현상 모든 것을 다 아는 것으로 가정하는 것.

전지적이란?

A라는 사람이 높은 산봉우리에 살고 있다고 가정해 봅시다. 그는 그 산맥에 존재하는 모든 것을 조사하여 보고하라는 임무를 맡고 있죠. 갖가지 색깔의 꽃과 아홉 종류의 나무, 그리고 다양한 동물을 관찰하고 그 결과를 상세히 기록합니다.

맞은편 산봉우리에는 같은 임무를 맡은 또 다른 한 사람인 B가 거주하고 있습니다. 그의 보고서에는 줄무늬가 있는 거대한 동물들, 붉은색과 초록색 꽃들 그리고 두 종류의 나무가 기록되어 있습니다. 뿐만 아니라 온갖 종류의 곤충과 새에 관해서도 꼼꼼히 적혀 있죠. B의 고향에서는 엄청난 모기떼 때문에 곤욕을 치르고 있답니다. 그래서 그런지 그 사람은 특히 작은 곤충들에 관심이 많습니다.

반면 A는 모기에게 물려 본 적도 없고, 그 때문인지는 몰라도 곤충 따위에는 아예 관심도 없답니다. 이들 두 사람의 보고가 서로 엇갈리는 것은 단순히 그들의 시야에 서로 다른 동물들이 들어왔기 때문만은 아니랍니다. 서로의 관심 대상도 달랐던 것이죠. B가 그저 붉은색으로 기록한 꽃들이 A의 보고서에는 분홍색, 연홍색, 진홍색으로 세분화됩니다. 반대로 A는 실제로 여러 종류가 살고 있었음에도 불구하고 무관심 때문에 곤충들에 관해서는 단 한마디도 기록하지 않았습니다.

두 사람 가운데 어느 누구도 그 산맥에 존재하는 모든 것을 기록할 수는 없답니다. 하지만 만약 신 혹은 신적인 존재가 있다면 그렇게 하는 것이 가능하겠죠. 인간에게는 불가능한 일이지만 말이에요.

누구의 시점인가?

텔레비전의 뉴스를 보면 우리는 세계 곳곳에서 일어나는 갖가지 일들을 직접 체험하고 있는 것 같은 느낌을 받습니다. 하지만 텔레비전 화면을 통해 우리에게 전달되는 소식들은 몇몇 특정 지역을 대상으로 한, 극히 제한된 정보일 뿐이랍니다.

구분 혹은 구별

■ 구분 혹은 구별
13쪽 참고.

'무엇에 대해 안다.'는 것과 '왜 그런지를 안다.'는 것은 서로 다른 차원의 문제랍니다. 이를테면 대부분의 사람들은 전원을 꽂으면 불이 켜진다는 사실은 알지만, 왜 그리 되는지에 관해서는 알지 못합니다. 비슷한 예를 몇 가지 떠올려 보세요.

13

안다는 것이
반드시 이익일까?

더 많은 앎이 더 나은 삶일까?

인간은 지식을 쌓고 교육의 질을 개선해 나가면서 억압으로부터
해방되어 왔습니다. 어려운 상황을 헤쳐 나가는 법을 배우고, 갖가
지 질병과 고통을 완화하거나 치유하는 방법들을 발전시키기도 했
지요. 여러분은 이러한 지식들을 습득하기 위해 학교에 다닙니다.
대부분의 사람들은 더 많은 지식이 더 나은 삶을 가져다줄 것이라
고 생각하는 듯합니다. 반드시 그럴까요?

먹을거리를 구하거나 집을 만드는 방법 같은 것들은 자연적으로
배우게 됩니다. 하지만 우리 인간은 지식을 이용하여 자연을 약탈
하거나 파괴하기도 합니다.

오늘날에도 지구상에는 가장 원시적인 여건 속에서 살아가는 종
족들이 존재합니다. 어쩌면 넘칠 정도로 소유하고 있는 이른바 개

화되고 문명화된 사람들보다도 오히려 그들이 더 행복할지도 모른답니다."

전통이냐 '개화'냐

아프리카 정글 깊은 곳에는 아직도 원시 부족민들이 살고 있다는 말을 들어 본 적이 있을 겁니다. 이들은 다른 사람과의 접촉을 꺼리며, 가뭄이나 질병과 같은 위기가 닥쳐도 외부의 도움을 단호히 거절합니다.

이들이 주식으로 삼는 동물들 가운데 하나가 인간에게 치명적인 전염성 병균을 보유하고 있다는 사실을 알게 되었다고 가정해 봅시다. 그들에게 이러한 위험을 경고해야 할까요, 아니면 그들의 바람대로 방해받지 않고 조용히 살도록 그대로 두어야 할까요?

그런 사실을 알고도 경고를 하지 않았다고 가정해 보세요. 주민의 절반이 이미 병에 걸렸습니다. 몇몇은 벌써 사망했고, 사냥을 할 수 있는 사람은 불과 몇밖에 되지 않습니다. 그들을 돕기 위해서는, 그들의 거주지에 머물면서 환자들을 우리 식으로 치료해야 합니다. 말하자면 문명 세계에서 개발된 약과 의술을 이용해야 하겠죠. 동시에 그들 중 몇 사람에게는 우리 식의 교육도 시켜야 할지 모릅니다. 그렇지만 그것은 그들이 지금 당장은 아니라도 점차 자신들만의 전통적인 생활방식을 포기해야 한다는 것을 의미합니다.

그런데도 그렇게 하는 것이 반드시 옳은 일일까요? 여러분이라면 어떻게 하겠습니까?

■ 국가별 행복지수
2009년에 영국신경제재단(NEF)에서 기대 수명과 행복감, 환경 파괴 지수 등을 종합하여 발표한 국가별 행복지수 순위에 따르면 코스타리카와 도미니카공화국이 1, 2위를 차지했다. 한국은 68위였다.

14

가상이냐 실제냐?

꿈인지 생시인지

자신이 지금 꿈을 꾸고 있는지 깨어 있는지 분간할 수 없는 지경에
처한 사람들에 관한 이야기를 책에서 읽어 본 적이 있나요? 도대
체 어떻게 그런 일이 가능할까요? 깨어 있다는 사실을 확인하기
위해 자신의 팔을 꼬집어 보기도 합니다. 하지만 전혀 효과가 없는
실험입니다. 자신의 팔을 꼬집는 꿈을 꿀 수도 있기 때문이죠.

　지금 이 순간 여러분이 깨어 있다는 것을 확인시켜 줄 방법을 떠
올려 보세요.

물자체*

탁자는 가까이에서 보느냐 멀리 떨어져서 보느냐 따라 그 크기가 달라집니다. 위에서 내려다보면 그저 평면만 보일 뿐이죠. 그렇다면 색깔은 어떨까요? 낮에 보면 초록색이지만, 밤에 불빛 아래서는 갈색으로 변합니다. 그렇다면 어느 색이 진짜일까요?

그 탁자가 초록색으로 보이려면, 먼저 햇빛이 있어야 하고, 보는 사람이 색맹이 아니어야 하고, 또 선글라스를 쓰지 않아야 합니다. 그런데도 책상 그 자체에 관해 그 무엇인가를 알고 있다고 말할 수 있을까요?

우리는 어떤 사물의 실재가 아니라, 단지 그 사물이 우리에 미치는 작용에 관해서만 말할 수 있는 것 같습니다.

여러분은 특정한 사람들만이 볼 수 있는 존재가 있다고 믿나요?
실제로 존재하는 것이 있다고 확신할 수 있을까요?

실험용 용기에 뇌가 있다면

사악한 과학자가 여러분을 속여 여러분의 뇌를 들어내어 간다고 상상해 보세요. 그는 여러분의 뇌를 배양액이 담긴 실험용 용기에 담아 계속 활동하게 만듭니다. 뇌에 특수한 전극이 연결되고, 전선을 통해 여러분의 뇌가 평소와 똑같이 경험할 수 있도록 신호가 보내집니다.

여러분은 학교에 가고, 친구들과 만나고, 다시 집으로 돌아옵니

■ 물자체(物自體)
인식하는 인간의 주관에 나타나는 현상이 아니라, 인식의 근원이 되며 독립적으로 존재한다고 생각되는 실재를 말한다. 독일 철학자 칸트는 우리의 감각에 표상을 일으키는 것은 물자체지만, 물자체에 관해서는 결코 알 수 없다고 보았다.
196쪽 참고.

다. 한마디로 모든 것이 똑같습니다. 여러분은 뇌가 실험용 용기 속에 들어 있다는 사실을 전혀 모릅니다.

현재 경험하는 것들이 실제 상황이 아님을 어떻게 알 수 있을까요? 생활이 바뀌지 않았다고 믿는 한 불가능한 일이겠죠.

15

진리라는 것이 있을까?

믿음과 진실

"내겐 그게 참말이야."

라는 말을 들어 본 적이 있나요? 참으로 아리송한 표현입니다. 도대체 무슨 의미일까요? 사람에 따라 진리 혹은 진실도 달라질 수 있을까요? 다음에 같은 문장을 다시 들을 경우, 여러분은 말하는 당사자가 별점은 확실하다거나 마녀가 실제로 존재한다고 믿는 사람이라고 생각할 수도 있겠죠.

하지만 믿음과 진실은 전혀 다르답니다. 우리 모두가 진실이라고 믿어 왔던 것이, 나중에 어느 순간 거짓으로 밝혀지는 일이 비일비재합니다.

다른 관점들

사물들을 서로 다른 시각에서 바라보는 것은 아주 흔한 일입니다. 두 사람이 하나의 주사위를 바라봅니다. 나는 '3'이라고 말하고, 너는 '4'라고 말한다고 칩시다. 이 경우 나와 너의 말 모두 참이면, 두 사람은 주사위를 서로 다른 각도에서 바라본 것입니다. 같은 각도에서 같은 면을 보았다면 3과 4라는 숫자가 동시에 튀어나올 리가 없겠죠.

두 사람이 같은 각도에서 주사위를 보았다거나, 혹은 동일한 대상을 두고 말하고 있다고 어떻게 확신할 수 있을까요? 우리는 각자 다른 방식으로 낱말들을 사용합니다. 이를테면 '마녀'라는 낱말도 말하는 사람이나 상황에 따라 그 의미가 달라집니다.

참이란?

무엇을 두고 '참이다' 혹은 '진실이다'라고 말할 경우, 그런 표현은 무슨 의미를 담고 있을까요?

무엇이 실제와 일치하면 참이라고 말할 수 있을 것입니다. 너무 쉽다고요? 그렇지는 않답니다. 어떤 식으로 일치한다는 것인지, 그리고 또 '실제'란 도대체 무엇인가 생각해 보세요.

진리란?

존재하는 것을 존재하지 않는다고 말하거나 존재하지 않는 것을 존재한다고 말하는 것은 진실이 아니지만, 존재하는 것을 존재한다고 말하거나 존재하지 않는 것을 존재하지 않는다고 말하는 것은 진실이다.

아리스토텔레스[*]

■ 아리스토텔레스
185쪽 참고.

거짓말쟁이의 역설

"부산 출신인 수정이는 부산 사람은 모두 거짓말쟁이라고 주장한다."

부산 사람은 모두 거짓말쟁이라고 한다면 수정이 역시 거짓말을 하고 있는 것입니다. 동시에 부산 사람은 모두 거짓말쟁이라는 말은 참이 아닙니다. 따라서 수정이는 거짓말을 하고 있는 셈이며, 그녀의 말이 거짓이면 부산 사람은 모두 거짓말쟁이라는 말도 자연히 거짓이 됩니다.

"난 지금 거짓말을 하고 있다."

여러분은 이 역설[*]을 해결할 수 있나요?

■ 역설
표현이나 내용에서 모순되는 말이나 문장. 논리학에서는 특정한 경우에만 모순을 일으키는 논증을 뜻한다.

알지 못해도 존재할 수 있다

- 정답은 존재한다.
- 답을 내리면서도 우리는 그것이 참인지 거짓인지는 결코 확신할 수 없다.

철학적인 문제에서는 정답이 있을 수 없다고 생각하는 사람도 많습니다. 하지만 틀렸습니다. 우리는 두 가지 사안을 구분해야 할 필요가 있답니다.

다시 말해 우리는 정답을 안다고 확신할 수 있다고는 말할 수 없지만, 원칙적으로는 정답이 존재한다고 생각할 수도 있는 것입니다.

"지금 이 순간 지구상에는 짝수 아니면 홀수의 토끼가 존재한다."

정확한 답을 구하기는 사실상 불가능하지만, '짝수 아니면 홀수!'라는 말은 참입니다.

16

어떻게 결론을 낼 수 있을까?

결론을 내는 방법

우리는 알고 있다고 믿는 사안들로부터 끊임없이 결론을 이끌어
냅니다. 그렇다면 과연 어떤 식으로 결론에 이르게 될까요?

먼저 여러 가지 진술(가설 혹은 가정)과 하나의 결론으로 이루어
진 논증에서 그 가능성을 찾을 수 있답니다. 다음에 제시된 논증▪
에서 밑줄의 윗부분이 진술이고, 그 아랫부분은 결론입니다.

▪ **논증**
13쪽 참고.

저것은 한 마리 하얀 백조다.

저것은 한 마리 하얀 백조다.

저것은 한 마리 하얀 백조다.

—

백조는 모두 흰색이다.

개별적인 것에서 일반적인 것으로

"저것은 한 마리 하얀 백조다."와 "저것은 한 마리 하얀 백조다." 는 참일 수 있습니다. 동물원이나 백조 사육장을 방문하여 눈으로 직접 확인할 경우, 우리는 같은 진술을 무수히 덧붙일 수 있을 것입니다. 하지만 그렇다고 "백조는 모두 흰색이다."라는 결론이 참이라고 단정할 수는 없답니다. 그럴 개연성 혹은 가능성이야 충분하지만 확실히 그렇다고 말할 수는 없다는 뜻이죠.

오랫동안 사람들은 백조는 당연히 흰색이라고 생각해 왔습니다. 백조라는 낱말 속에 하얀색을 의미하는 백(白)자 들어 있는 것도 그 때문입니다. 그런데 뜻밖에도 최근 호주에서 검은색 백조가 존재한다는 사실이 확인되었답니다.▪

■ 귀납법
개별적인 사실이나 원리에서 일반적인 원리로서의 결론을 이끌어 내는 방법이다. 경험이나 관찰에 의존하기 때문에 한계가 있다.

늘?

여러분이 일곱 번이나 도시락 가방을 빠뜨리고 등교했다고 칩시다. 그렇다고 엄마가 "너는 늘 도시락 가방을 빠뜨리고 다닌다."라고 한다면, 그 말이 과연 참이 될 수 있을까요?

너는 금요일에 도시락 가방을 빠뜨렸다.
너는 목요일에 도시락 가방을 빠뜨렸다.
너는 수요일에 도시락 가방을 빠뜨렸다.
너는 화요일에 도시락 가방을 빠뜨렸다.

—

너는 늘 도시락 가방을 빠뜨린다.

새로운 정보는 없다

다음에 제시된 논증들을 살펴봅시다. 이러한 형태의 논증에서는, 밑줄 윗부분의 진술들이 참이면 결론도 항상 참입니다. 주의 깊게 읽어 보면, 결론에는 이미 윗부분의 진술들(가설들)에 담겨 있는 정보 외에는 새로운 정보가 전혀 없다는 사실을 확인할 수 있을 것입니다.

모든 사람은 죽는다.
소크라테스는 사람이다.

—

소크라테스는 죽는다.

주머니 속의 구슬은 모두 유리구슬이다.
주머니 속에 빨간색 유리구슬은 한 개도 없다.

—

주머니 속에 빨간색 구슬은 한 개도 없다.

모든 말은 다리가 다섯 개다.
포니는 말이다.

—

포니는 다리가 다섯 개다.

■ 연역법과 삼단 논법
아리스토텔레스의 유명한 삼단 논법이다. 자명한 원리를 전제로 개별적인 사실이나 원리를 끌어내는 연역법은 새로운 사실을 말하지는 못한다.

가설이 잘못되면

마지막 논증은 뭔가 이상하다고 생각되지 않나요? 그건 아마도 모든 말은 다리가 다섯 개라는 진술이 참이 아니기 때문일 것입니다. 하지만 밑줄 윗부분의 진술들 즉 가설들이 참이라면, 결론 또한 항상 참이 됩니다.

참일까 거짓일까

여러분 스스로 논증들을 만들어 보세요. 이를테면 이런 식이 되겠죠.

- 우리 반 학생들은 모두 청바지를 입고 다닌다.
- 윤희는 우리와 같은 반이다.
- 결론: 윤희는 청바지를 입고 다닌다.

범죄자 12명이 경찰에 체포되었다고 가정해 봅시다. 그런데 공교롭게도 모두 미국인이랍니다. 기형은 "모든 범죄자는 미국인이다."라고 결론을 내립니다. 맞는 말인가요? 무엇이 문제인지 친구들과 토론해 보세요.

17

우리는 왜 살까?

삶의 의미란

누구나 한 번쯤은 침대에 누운 채 천장을 바라보며 내가 살아가는 의미는 과연 무엇인지 골똘히 생각해 본 적이 있겠죠? 혹은 '하필이면 왜 나지?'라는 식의 엉뚱한 생각도 해 보았을 겁니다. 물론 여러분은 아기가 어떻게 생겨나는지를 알고 있습니다. 하지만 여기에서 문제가 되는 것은 다른 그 무엇도 그 누구도 아닌 바로 여러분이 왜 태어나게 되었나 하는 점입니다.

삶의 의미란 무엇일까요? 그리고 도대체 인간이란 왜 존재하는 것일까요?

신의 계획에 따라

■신
160쪽 참고.

많은 사람들은 신*의 존재를 믿습니다. 그 형태야 각양각색이지만, 어쨌든 사람들은 신을 통해 삶의 의미에 대한 물음에 답하려고 합니다. 삶의 의미란 신의 마음에 들도록 살아가는 데 있다는 것이지요. 이런 식의 해법은 신에게는 계획이 있고, 따라서 인간의 삶에도 목적이 있다는 생각과 연결되어 있답니다. 영원한 삶도 그러한 목적들 중 하나가 될 수 있겠지요. 많은 사람들이 신앙으로 삶에 의미를 부여합니다.

- 신을 믿을 수 없는 상황에 처했다고 생각해 보세요. 그럴 경우 여러분의 삶은 전혀 무의미할까요?
- 신이 없다고 생각해 보세요. 이 세상에서의 모든 삶은 그저 우연에 불과할 뿐이라고 생각해 보세요. 그럴 경우 삶은 전혀 무의미할까요? 왜 그럴까요?

미리 알아보기

차근차근 읽어 보면, 여러분은 아마도 위의 두 가지 질문에 중요한 차이점이 있다는 사실을 알아챌 것입니다. 아예 질문의 출발점 자체부터 다르니까요. 차이점을 이해했나요?

첫 번째 질문은 여러분이 신을 믿지 않는다는 가정에서 출발합니다. 반면 두 번째 질문은 신이 존재하지 않는다는 가정에서 출발합니다. 첫 번째 질문의 경우에는 신이 존재하기 때문에, 여러분이 설령 신을 믿지 않더라도 삶의 의미가 있다는 말이 될 수도 있습니다.

시시포스의 삶은

신들을 화나게 만든 시시포스*는 바위 하나를 산꼭대기 위로 밀어 올리는 벌을 받았습니다. 그는 매일 같은 일을 반복해야 했죠. 바위가 산꼭대기에 거의 도달했다 싶을 때면 여지없이 다시 굴러 떨어지는 것이었지요. 그러니 영원히 그 일을 계속할 수밖에 없었답니다.

■ **시시포스**
그리스신화에 나오는 코린트의 왕이다.

시시포스의 삶은 전혀 무의미한 것처럼 생각되지 않나요? 그는 자신의 목표에 결코 도달할 수 없습니다. 적어도 바위가 여러 개라서 그것들로 무엇인가를 만들어 낼 수만 있어도, 그의 삶이 조금은 덜 무의미한 것으로 비춰질 텐데 말입니다.

신들이 동정심에서 약간의 희망만이라도 남겨 두었더라면, 시시포스는 즐거움을 가져다줄 무엇인가를 할 수 있었을 것입니다. 하지만 그가 할 수 있는 유일한 행위는 그저 바위를 밀어 올리는 것뿐이었으며, 그것도 영원히 같은 일을 반복해야 했습니다.

우리가 볼 때 그런 행위는 아무런 의미도 없습니다. 단순히 바위를 굴리는 행위에서 어떻게 즐거움을 찾을 수 있겠어요? 하지만 시시포스에게는 그렇지 않답니다. 그는 자신의 의지로 바위를 굴리니까요. 그에게 있어서 유일한 즐거움은 매일 똑같은 바위를 산꼭대기로 밀어 올리는 행위 그 자체였답니다.

우리의 눈에는 매일 반복되는 그 모든 것이 그대로고, 따라서 전혀 무의미한 것으로 비춰집니다. 하지만 그럼에도 불구하고 우리와 시시포스 사이에는 커다란 차이점이 있습니다. 시시포스에게는 자신만의 고유한 삶에 대한 의지가 있기 때문이죠.

삶의 의미의 의미

삶의 의미라는 물음은 어떤 뜻을 담고 있을까요? 삶에 어떤 목표 혹은 어떤 목적이 있냐는 뜻일까요? 인간이 삶의 의미를 갖기 위해서는 우리가 신 혹은 어떤 지고한 힘에 의지해야 한다는 말로도 들립니다. 하지만 신이 존재하지 않는다면 어떨까요?

또 다른 물음

어떤 의미에서 볼 때 우리의 삶 또한 시시포스의 바위 굴리기와 그렇게 다르지 않습니다. 아침에 일어나, 밥을 먹고, 양치질을 하고, 학교에 갑니다. 같은 일이 매일 반복되죠. 게다가 숙제를 해치우느라 매일 끙끙댑니다. 장차 우리의 아이들도 그렇게 하게 될 것입니다. 그러니 가끔씩은 모든 것이 무의미하게 여겨지는 것도 당연합니다.

그렇지만 재미있고 보람을 주는 일도 수없이 많지요. 질문의 형식을 다음과 같이 바꿔 봅시다.

"나의 삶의 의미는 과연 무엇일까?"

이제 여러분이 즐겨 하는 일들을 적어 보세요.

18

아름다운 삶이란?

상대적으로 행복?

여러분 나이에는 누구나 사소한 일 때문에 짜증을 부리거나 화를
내기도 합니다. 원하던 생일 선물을 받지 못했거나, 컴퓨터 게임을
너무 오래 한다고 꾸중을 들었을 수도 있습니다.

하지만 다른 사람들, 특히 부모가 늘 싸운다거나 가정 형편이 어
려워 컴퓨터를 아예 가질 수조차 없는 친구들과 비교하면 그리 나
쁘지 않은 여건에서 살아가고 있는 셈입니다. 몸이 허약해서 늘 병
을 달고 살아야 하거나, 지극히 가난한 나라에서 태어났다고 상상
해 보세요.

그렇다면 아름다운 삶이란 과연 어떤 것일까요?

행복의 의미

여러분의 인생에 대해 여러분 스스로가 모든 것을 결정할 수 있다고 가정해 봅시다.

무엇을 어떻게 하겠습니까? 여러분이 바꾸고 싶은 것들 중 실제로 바꿀 수 있는 것이 있나요? 여러분을 행복하게 만들어 줄 것이라고 믿긴 하지만, 현실적으로는 실현 불가능한 것에는 무엇이 있는지 떠올려 보세요.

무엇이 여러분을 행복하게 해 주나요? 행복이란 말이 여러분에게 어떤 의미로 다가오나요?

행복감을 주는 약

한 알만 복용하면 하루 종일 행복감을 느끼게 해 주는 알약을 개발할 수 있다고 상상해 보세요.

부작용만 없다면 그런 약이 개발되어야 한다고 생각하나요? 혹은 그런 종류의 약은 차라리 개발되지 않는 게 낫다고 할 만한 이유가 있을까요?

19

여성과 남성은
무엇이 같고 다른가?

페미니즘˙이란

■ **페미니즘과 페미니스트**
생물학적인 성(性)으로 인
한 모든 차별을 반대하며
여성의 지위·역할에 변화
를 일으키려는 여성운동
과 그 믿음을 가진 사람
을 일컫는다. 1890년대
부터 쓰이기 시작했다.
202쪽 참고.

페미니스트˙들은 여성도 남성과 같은 권리를 가져야 한다고 주장
합니다. 당연히 그렇게 되고 있지 않나요? 하지만 페미니스트들의
생각은 다르답니다. 실제로는 많은 부분에서 여성들은 단지 여성
이라는 이유로 차별대우를 받고 있다는 것이지요. 반면, 그들과 반
대 입장에 서 있는 사람들 중 대부분은 현재의 불평등 상태가 성별
과는 무관하다고 생각합니다.

페미니즘 사상을 요약하면 다음과 같습니다.
- 여성에 비해 남성은 특권을 누리고 있다.
- 이와 같은 차별은 없어져야 한다.

타고나는가, 길들여지는가?

여성은 환자나 유아를 돌보거나 집안일을 하는 데 특별한 적성이나 재능을 가지고 있는 것일까요? 아니면 단지 사회적으로 그렇게 길들여졌을까요?

여성과 남성은 근본적으로 동일하고 차이가 없다고 생각하는 사람도 있지만, 여성과 남성은 엄연히 다르다고 생각하는 사람도 많습니다. 여러분은 어떻게 생각합니까?

전형적인 남자?

많은 사람들은 소년과 소녀를 구분하지 않고 어린이나 청소년과 같은 표현으로 대신합니다. 심지어 어떤 사람은 남성과 여성이라는 생물학적 차이까지 무시해 버리기도 합니다.

하지만 '전형적인 사내아이' 혹은 '전형적인 계집아이'라는 식으로 나누는 사람 또한 적지 않습니다. 어떤 의도로 그렇게 하는 걸까요? '전형적'이란 무슨 뜻일까요?

서로 다른 역할

1949년에 프랑스의 유명한 작가 시몬 드 보부아르*는 『제2의 성(性)』이라는 저서를 발표했습니다. 이 책에서 그녀는, 사내아이들은 독립적이고 자유로운 인간으로 교육받는 반면 여자아이들은 다른 사람들을 도울 수 있도록 그저 착하고 얌전하게만 길들여진다

■ **시몬 드 보부아르**
202쪽 참고.

101

고 주장합니다. 그런 부당한 차별은 당연히 없어져야 하며, 여자아이들도 사내아이들처럼 독립적이고 자유로운 삶을 살아갈 수 있도록 키워져야 한다는 것이었습니다.

시몬 드 보부아르는 남성의 삶이 이상적인 삶이라고 생각한 모양입니다. 여성들도 오로지 다른 사람들을 위해 자신을 희생하는 대신 남성적 삶의 이상을 추구해야 한다고 목소리를 높이고 있으니까 말이에요. 하지만 반대로, 남자아이들이 여자아이들을 닮아 간다면 오히려 더 좋지 않을까요?

코의 크기로 인간을 구분한다면

일반적으로 인간은 여성과 남성이라는 두 범주로 구분됩니다. 성별이 아니라 코의 크기에 따라 인간을 구분한다고 상상해 보세요. 과연 어떤 결과가 나타날까요?

고유의 특성이란?

남성과 여성을 구별하는 가장 일반적인 기준은 여성만이 아기를 잉태한다는 사실입니다. 하지만 그게 그렇게 중요한 특성일까요? 물론 새 생명을 낳는다는 것은 인류의 유지를 위해서 아주 중요합니다.

하지만 그러한 특성이 다른 관점에서도 중요하다고 말할 수 있을까요? 임신을 할 수 없거나 임신할 생각이 없는 여성의 경우는 어떤가요? 그렇다고 진정한 여성이 아니라고 말할 수는 없습니다.

환경의 역할

예전에는 사내아이가 피아노를 배우거나 여자아이가 태권도를 배우는 경우가 매우 드물었습니다. 물론 요즘에는 그렇지 않지요. 서양 여러 나라에서는 오래전부터 사내아이들도 피아노를 배웠습니다.

이러한 사실로 미루어 볼 때, 남성과 여성의 서로 다른 관심과 특성은 타고난 것이 아니라 우리가 살고 있는 환경과 주위 사람들의 영향을 받아 형성된다고 할 수 있겠습니다.

서로 다르게 태어나기 때문에

남성과 여성은 호르몬의 종류와 그 양이 다르기 때문에 행동과 사고 또한 서로 다를 수밖에 없다고 생각하는 사람도 많습니다. 이런 시각에서 보면, 교육이나 태어나는 환경은 그리 큰 역할을 하지 못하는 것 같습니다. 남성과 여성은 그 자체의 고유한 특성을 지닌 채 태어난다는 것이지요.

다시 말해 어떻게 하더라도 남성은 남성이고 여성은 여성일 뿐이라는 뜻이죠. 그렇지만 그게 대체 무슨 말인가요?

도대체 여성은 무엇이고, 남성은 무엇인가요?

XX와 XY

남자인지 여자인지 성 구별을 할 수 없는 상태로 태어나는 아이들도 적지 않답니다. 생식기(성기)가 잘못 형성되었기 때문에 사내아인지 여자아인지를 명확히 구분할 수 없는 경우죠. 내생식기는 여성의 것이지만 외생식기는 남성의 것을 갖고 태어날 수도 있습니다.

학교에서 배워서 알겠지만, 여성의 성염색체*는 XX인 반면 남성의 것은 XY입니다. 따라서 염색체만 알아내면 남자아이인지 여자아이인지를 금방 구별할 수 있지 않을까요?

하지만 그렇게 간단한 문제만은 아니랍니다. 잘못 형성된 생식기를 갖고 태어난 아기의 성을 구별하기 전에, 좀 더 쉽게 말해서 그 아기를 사내아이로 만들 것인지 여자아이로 만들 것인지를 결정하기 전에 의사들은 여러 가지 요소들을 신중하게 고려합니다.

여러분이 학교에서 배운 것과는 반대로, 어떤 경우에는 여자아이가 XY 염색체를 가질 수도 있답니다.

■ **성염색체**
암수를 결정하는 염색체로, 인간의 경우 총 23쌍의 염색체 중 한 쌍이다.

20

비판적으로
읽고 생각하기란?

비판적이란?

학교에서는 비판적 사고를 가르쳐야 합니다. 한 예로 우리나라의 경우, 역사 과목의 교육 지침에 "역사 수업은 학생들이 비판적 사고와 분석적 능력을 갖출 수 있도록 도와주어야 한다."는 구절이 등장합니다.

　여기에서 말하는 바로 그 비판적인 자세로, 우리는 이 문장이 진정으로 뜻하는 바는 과연 무엇인지 혹은 교사들은 이 문장을 어떻게 해석하는지 등에 관해 따져 물을 수 있습니다. 뿐만 아니라 현재 과연 어떤 학교에서 이러한 지침을 성실히 따르고 있는지에 관해서도 의문을 제기할 수 있겠죠.

　'비판적'이라 함은 '약점이나 오류를 지적하고 사물의 옳고 그름을 판단하거나 밝히는' 경향이나 태도를 의미합니다.

여러분이 사용하는 교과서는

여러분이 현재 배우는 교과서는 과거에 여러분의 부모가 여러분 또래일 때 사용한 교과서와 많이 다릅니다. 그리고 거기에는 여러 가지 이유가 있을 수 있답니다. 여러분이 현재 배우는 교과서 중 어떤 부분이 여러분의 자식들 세대에서도 읽힐 수 있을지, 그리고 그 이유는 과연 무엇일지를 곰곰 생각해 보세요.

구분 혹은 구별

■ **구분·구별**
13쪽 참고.

이 책에서는 여러 형태의 구분 혹은 구별*이 등장합니다. 다시 반복하지만, 구분이란 '쪼개어 나누거나 차이를 두는 것'을 의미합니다. 구분은 우리의 생각이나 말에 어느 정도의 질서를 가져다 줍니다. 따라서 무엇인가에 관해 깊이 생각하고 비판적인 태도를 취하려면 먼저 구분이 가능한지, 혹은 특정 상황에 구분이 필요하거나 중요한지부터 따져 물어야 합니다.

예를 들자면

"이제 그만해. 하루 종일 텔레비전 앞에만 앉아 있을 거야?"
　엄마가 나무랍니다.
　"텔레비전과 디브이디 영화는 엄연히 다르다고요."
　디브이디 플레이어로 영화를 보고 있었기 때문에 여러분은 이렇게 구분해서 말하지만, 이 상황에서는 차이 혹은 구분이 그렇게 중요한 역할을 하지 못합니다.

비판적 읽기

우리는 신문에 게재된 기사들을 비판적인 시각으로 바라보아야 한다는 사실은 잘 알고 있습니다. 하지만 실용서와 학술서의 경우에는 상황이 조금 복잡합니다. 학문적 주장을 담는 학술서와는 달리, 실용서는 객관적인 정보를 담는다고 생각되기 때문이죠.

하지만 실용서이건 학술서이건 진실을 왜곡할 수 있기 때문에 우리는 비판적으로 읽을 필요가 있습니다. 중요한 사안에 대해 침묵하거나, 편파적인 시각에서 기술하기도 한다는 뜻입니다.

예를 들어 페미니스트들은 역사책에서 남성에 비해 상대적으로 여성의 역할과 여성이 등장하는 횟수가 너무 적다는 점을 지적합니다. 그들의 주장이 옳다면, 우리는 지금까지 역사를 편향된 시각에서 배워 온 셈이 되는 것입니다.

책을 읽을 때에는

다음 글은 한 스웨덴 작가의 책에서 발췌한 글인데, 남자아이가 여자 친구를 사귈 때 느끼는 감정 변화를 다루고 있습니다.

"이전에는 마음에 드는 누군가와 그저 사귈 수만 있으면 좋겠다고 생각해 왔는데, 어느 순간 새로운 감정들의 거친 물결이 여러분을 덮쳐 버린 것입니다. 신체적인 접촉이 더욱 중요해지고, 주고받는 대화도 점점 더 격렬해집니다. 늘 그렇듯이 여자아이들은 상황을 너무 진지하게 받아들입니다. 그렇긴 해도 그녀와 함께할 수 있다는 사실 하나만으로도 여러분은 날아오를 것처럼 행복합니다."

(울프 닐손의 『남자아이들』 중에서)

이 글을 읽으면 우리는 저자가 마치 사실들만을 기술하고 있다는 느낌을 받습니다.

위의 인용문을 다시 꼼꼼히 읽어 보세요. 이 짧은 글에서도 저자는 여러 가지를 주장합니다. 저자의 주장들에 의문을 제기하려면 비판적인 읽기가 필요하겠죠. 이를테면 '진지하게'라는 표현은 어떤 의미로 사용되었는지 생각해 보세요.

여러분은 진술 전체를 두고 따져 물을 수 있습니다. 이성과 사귀는 행위를 여자애들은 늘 너무 진지하게 받아들인다고 말할 수 있는 타당한 이유가 있을까요? 그 이유는 과연 무엇인가요?

어느 순간 감정의 거친 물결이 모든 것을 덮쳐 버린다는 말에도 문제가 있습니다. 특정한 감정이 이성과의 교제를 위한 필수적인 조건은 아니며, 누군가와 사귄다는 것 자체가 중요한 사람도 있을 수 있기 때문이죠.

여론조사의 의미

여론조사에는 다양한 주제들이 다루어집니다. 각종 여론조사를 비판적으로 받아들이기 위해 여러분은 다음과 같은 점들을 따져 물을 수 있습니다.

- 모든 참가자가 정직하게 답변했다고 확신할 수 있는가?
- 질문들의 진정한 의도는 과연 무엇인가?
- 어떤 사람을 대상으로 했는가? 남성인가 여성인가, 성인인가 미성년자인가?
- 설문 대상자의 평균 나이는?
- 설문 대상자의 거주지는? 시골 사람인가 도시 사람인가, 소도시 사람인가 대도시 사람인가?
- 설문에 참가한 사람의 숫자는?

이러한 문제는 많은 흥미로운 철학적 질문들과 연결됩니다. 예를 들어 여러분은 '2. 다른 사람들은 누구인가?' 로 되돌아가서, 다른 사람들의 감정과 생각에 대해 우리가 과연 무엇을 알 수 있을까 하는 물음을 두고 곰곰이 생각할 수 있습니다. '16. 어떻게 결론을 낼 수 있을까?' 를 다시 한 번 읽어 보는 것도 도움이 되겠죠.

■ 2. 다른 사람들은 누구인가?
22쪽 참고.

■ 16. 어떻게 결론을 낼 수 있을까?
87쪽 참고.

미인대회를 연다면

몇몇 친구들과 교내 신문의 몇몇 지면을 책임지고 있다고 가정해 봅시다. 누군가가 미인대회를 열어 그 과정과 결과를 나중에 교내 신문에 싣자고 제안합니다.

그러려면 먼저 '미인' 혹은 '미'라는 낱말부터 정의해야겠죠. '미'란 도대체 무엇을 의미할까요? 사전을 찾아보아도 '예쁜'이나 '아름다운' 등과 같은 막연한 형용사들과 마주칠 뿐, 그 이상의 명확한 답에는 이를 수 없을 것입니다. 그렇다면 미의 진정한 기준은

■ 정의
44쪽 참고.

없다는 뜻일까요?

이 문제에 대해 친구들과 진지하게 토론한 후, 미인대회에 찬성하거나 반대하는 논리적 근거들을 제시해 보세요.

21

자유의지란
정말 있는 것인가?

선택할 수 없다면

누군가가 흥분하여 여러분에게 삿대질을 하거나 심한 욕설을 한다고 가정해 보세요. 이 경우 여러분은 그 사람에게 마음을 가라앉히고 다시 한 번 차분히 생각해 보라고 부탁할 수 있습니다. 어떻게 달리 해 볼 수 있는 방법이 없을 수도 있겠죠. 다시 말해 선택의 여지가 없기 때문에 그렇게밖에 할 수 없다는 뜻입니다.

　하지만 이런 경우에도 분명 여러분의 자유의지 가 관여합니다. 그렇게 하면 그 사람의 흥분을 가라앉힐 수도 있지 않을까 하는 생각을 떠올린 주체는 다름 아닌 여러분 자신이니까 말이에요.

■ 자유의지
자연·사회·신의 구속에서 벗어나 행동할 수 있는 사람의 힘이나 능력을 말한다.
194쪽 참고.

두 가지 가설

- 모든 일에는 원인이 있다.
- 인간은 자유의지를 갖고 있다.

모든 일에는 원인이 있다는 생각은 설득력이 있습니다. 저절로 일어나는 일은 없으니까요. 반드시 무엇인가가 관여하거나 개입한다는 뜻이죠. 우리에게 자유의지가 있다는 가정 또한 대부분의 사람이 수긍합니다. 여러분은 스스로가 결정을 내린다는 사실을 의식하니까 말이에요. 하지만 위에 제시한 두 가지 가설을 동시에 충족하기는 쉽지 않답니다.

딜레마

'딜레마'란 선택해야 할 길은 하나로 정해져 있는데, 그 어느 쪽을 선택해도 바람직하지 못한 결과가 예상되는 아주 난처한 상황을 말합니다. 우리말로는 궁지나 진퇴양난쯤 되겠죠.

모든 일에는 원인이 있다면, 우리는 자유의지를 갖지 못하는 것처럼 여겨집니다. 우리의 행위는 이전에 발생한 그 무엇인가에 의해 결정되고, 이전에 발생한 그 무엇인가는 다시 그보다 이전에 발생한 그 무엇인가에 의존하기 때문이죠.

순전히 우연적으로 발생하는 일 또한 우리의 자유의지와는 무관합니다. 그런데도 모든 일에는 원인이 있다는 가설이 참이면서, 동시에 우리는 자유의지를 갖고 있다는 가설도 참일 수가 있을까요?

어쩌면 두 가지 가설 모두 거짓일지도 모릅니다. 하지만 두 가지 가설 모두 참이라는 전제 아래 이 문제를 곰곰 따져 보세요.

운명

모든 일에는 원인이 있다는 가정은 모든 일이 신 혹은 운명에 의해 미리 결정된다는 것을 의미하지는 않습니다.

　세상의 모든 일들은 미리 정해져 있다고 믿는 사람을 우리는 '운명론자'라고 부릅니다. 운명론자들은 우리가 흔히 과거의 일을 두고 생각하는 것처럼 미래의 일에 대해 생각합니다.

　흔히들 과거는 되돌릴 수 없다고, 다시 말해 지난 일은 바꿀 수 없다고 생각하잖아요. 만약 여러분이 어제 군것질을 하느라 일주일치 용돈을 한꺼번에 다 써 버렸다면, 오늘 그 사실을 바꿀 수는 없겠죠.

　운명론자들은 미래에 일어날 일들 또한 우리의 힘 혹은 의지와는 전혀 무관하다고 생각합니다.

다양한 해석

"특정한 사람이 특정한 상황에서 다르게 행동할 수도 있었다."

　이 문장은 과연 어떤 의미를 담고 있을까요? 여러 가지 해석이 가능합니다. 이를테면 그 누구도 당사자가 그렇게 행동하도록 강요하지 않았다고 생각할 수 있겠죠. 혹은 그 누구도 당사자에게 당사자가 원하지 않는 무엇인가를 하도록 강요하지 않았다고도 이해할 수 있을 것입니다. 따라서 당사자에게는 분명 선택의 가능성이 열려 있었다고 말할 수 있습니다.

우리는 선택을 한다는 것을 자각한다

우리에게 자유의지가 있다는 사실을 믿게 해 주는 근거는 무엇일까요? 가장 설득력 있는 근거는 우리가 선택을 하고 있다는 것을 우리 스스로 느낀다는 사실일 것입니다.

여러분이 콜라와 사이다 중 콜라를 집어 드는 순간 선택을 하는 주체는 바로 여러분 자신이라는 사실을 확인합니다. 말하자면 직접적인 경험이나 체험이 자유의지가 있음을 말해 주는 것이죠.

그렇지만 지금의 여러분을 만든 상황들 또한 지금 여러분의 선택에 영향을 줄 수도 있지 않을까요? 만약 여러분이 이전에 사이다를 즐겨 마셨다면, 지금 상황에서 콜라는 아마도 여러분에게 특별한 경험이 될 것입니다. 그리고 그 선택은 당신의 손에 달렸지요.

어쩌면 여러분은 속으로 '이번에는 사이다를 선택할 수도 있었는데.'라고 생각할지도 모릅니다. 하지만 여러분은 그렇게 할 수도 있었지만, 실제로는 그렇게 하지 않았습니다. 여기에서 중요한 것은 우리에게 실제로 자유의지가 있느냐, 아니면 그저 자유의지가 있다고 생각할 뿐이냐 하는 문제입니다.

자유의지에 의한 것이 아니면 책임이 없다

자유의지와 책임의 관계는 이 장의 시작 부분에서 제시한 두 가지 가설과 관련한 물음들을 이해하는 데 특히 중요합니다.

예를 들어 누군가가 살인을 저질렀거나 다른 사람의 생명을 구했을 경우, 그러한 행위가 자유의지에서 나왔다면 당사자는 당연히 자신의 행위에 대해 책임을 져야 하겠죠. 반면 선택의 여지가 없었음에도 어떤 행위에 대해 벌을 주거나 포상을 하는 것은 정당하지 않습니다.

인간은 자신이 원하는 것을 하고 싶어 할 수는 있지만, 자신이 원하는 것을 하고 싶어 하지 않으려 할 수는 없다.

쇼펜하우어[*]

■ **쇼펜하우어**
200쪽 참고.

22

무엇을 해야 하고
하지 말아야 할까?

옳고 그름을 안다는 것

"요즘 아이들은 도덕을 통 몰라. 아이들에게 윤리와 도덕 교육을
다시 시켜야 해."
라는 식의 말을 들어 본 적이 있을 것입니다.

도대체 '도덕'이란 무엇을 뜻할까요? 그리고 또 '윤리'는 뭔가
요? 둘 다 옳고 그름의 문제, 다시 말해 우리가 무엇을 해야 하며
무엇을 하지 말아야 하는 것과 관련이 있답니다. 많은 사람들은 옳
고 그름이 무엇인지를 정확히 알고 있다고 믿습니다. 하지만 조금
만 더 깊이 생각해 보면 그렇게 간단하게 답할 문제가 아니라는 사
실을 알게 됩니다.

'윤리'와 '도덕'

대부분의 철학자들은 '윤리'와 '도덕'은 동의어로서 동일한 의미를 갖는다고 생각합니다. 윤리가 '관습'이나 '풍습'을 뜻하는 그리스어 '에토스(ethos)'에서 파생한 용어인 반면, 도덕은 '미풍양속'을 뜻하는 라틴어 '모랄리스(moralis)'에 그 뿌리를 두고 있는 있다는 점만 다를 뿐이라는 것입니다.

이런 관점에서 보면, "아이들에게 윤리와 도덕 교육을 다시 시켜야 한다."는 말은 "아이들은 계산하는 법과 계산하는 법을 배워야 한다."는 식의 표현과 그리 다를 바 없답니다. 그러니까 '윤리와 도덕'이라는 표현을 같은 문장에서 사용하려면 이 두 용어의 정확한 쓰임새부터 정의해야 합니다.

다음번에 이런 표현을 다시 듣게 되면, 말한 사람에게 윤리와 도덕의 차이가 무엇인지 물어보세요. 말하는 사람이나 듣는 사람 모두에게 아주 중요한 문제가 될 수도 있으니까요.

하지만 이 책에서는 윤리와 도덕에 차이를 두지 않았습니다.

법과 도덕

우리는 정치가들이 만든 법에 따라 반드시 행해야 하는 것과 도덕에 따라 마땅히 행해야 하는 것을 구분할 필요가 있습니다. 설령 법적으로, 다시 말해 법에 의해 금지되었더라도 도덕적으로는 정당화되는 것도 있답니다. 법에 따르면 죄를 짓고 도망하는 사람을 숨겨 주는 행위는 금지되어 있습니다. 하지만 우리는 어떤 경우 마땅히 숨겨 주어야 한다는 느낌을 강하게 받기도 합니다.

하지만 도덕과 마찬가지로 법 또한 옳고 그름을 판단하기 때문에, '법'과 '도덕'을 굳이 구분할 필요가 없다고 생각하는 사람도 많답니다.

여러분의 생각은 어떻습니까?

법으로는 금지되어 있지만 도덕적으로는 옳거나 "정당화될 수 있다."고 느끼는 행위나 상황을 떠올려 보세요.

해야 하는데 하지 않는다면

물에 빠진 누군가를 구하지 않는 것은 잘못이라고, 다시 말해 비도덕적인 행위라고 느끼지 않는 사람은 거의 없을 것입니다. 무엇인가를 하지 않는 것도 비도덕적일 수 있다는 뜻이죠. 충분히 그럴 능력이 있는데도 불구하고 물에 빠진 사람을 구하지 않는 것은 누군가를 물속으로 밀어 넣는 행위 못지않게 나쁩니다.

하지만 실제로 이와 같은 일은 너무나 흔하답니다. 우리는 가난한 나라의 사람들에게 돈을 보내지 않습니다. 우리의 도움을 필요로 하는 친구들을 항상 도와주지는 않습니다. 주위의 가난한 아이들에게 남아도는 장난감조차 선물하지 않습니다. 우리가 마땅히 해야 함에도 불구하고 하지 않는 일은 너무나 많습니다.

이 문제를 어떤 식으로 풀어 나가야 할까요? 친구들과 토론해 보세요.

샴쌍둥이, 매리와 조디

2000년 영국에서 삼쌍둥이* 자매가 태어났습니다. 매리와 조디는 한 몸으로 자라다가, 나중에 분리 수술을 받게 됩니다. 하지만 그 과정에서 조디는 살아남지만 불행히도 매리는 목숨을 잃고 말았답니다. 수술은 둘 다 곧 죽을 수도 있는 절박한 상황에서 내려진 결정이었죠.

이 문제는 결국 소송으로 이어졌습니다. 법정은 부모의 분명한 의지를 묵살한 불법적인 수술이었다는 판결을 내렸습니다. 삼쌍둥이 자매의 부모는 독실한 기독교 신자로, 오직 하나님만이 그 아이들의 운명을 결정할 수 있다고 믿었기 때문이죠.

수술을 통해 어쨌든 한 아이는 목숨을 건졌습니다. 하지만 그들의 부모는 처음부터 수술을 완강히 거부했습니다. 그리고 수술 후 수술이 나머지 한 아이의 죽음을 부른 원인이라고 주장하게 된 것입니다.

여러분이라면 이처럼 미묘한 상황에서 어떤 판단을 내리겠는지 생각해 보세요.

■ **샴쌍둥이**
샴쌍둥이라는 말은 1811년에 시암(타이)에서 몸의 일부가 붙은 상태로 태어난 쌍둥이 형제가 세상에 알려지면서 붙은 이름이다. 결합 쌍둥이라고도 한다.

121

23

규칙은 반드시 따라야 하나?

교칙을 지키세요?

학교마다 학생들의 행동을 규제하는 교칙이 있습니다. 예를 들어 대부분의 학교에서는 친구를 때리거나 물건을 파손하는 행위를 금지하고 있습니다.

마찬가지로 가정이나 사회에도 구성원들이 지켜야 할 갖가지 규칙들이 정해져 있습니다. 사회 구성원들의 생활을 규제하는 규칙들을 우리는 '법'이라고 부릅니다.

그렇다면 규칙이나 법을 따르는 것이 반드시 옳은가요?

언제 어디서나 적용되는 규칙이 존재하는가?

대부분의 사람들은 어떤 상황에서도 지켜져야 하는 절대적인 규칙이 존재한다고 믿습니다. 그건 다름 아닌 "살인을 해서는 안 된다."라는 규칙이죠. 하지만 살인이 정당화될 수 있는 불가피한 상황도 상상할 수 있답니다.

어떤 정신병자가 총을 들고 학교에 난입해서 여러분 모두를 죽이려고 합니다. 그런데 마침 그때 누군가가 사냥용 총을 손에 들고 있습니다.

많은 사람의 생명이 위협받는 절박한 상황에서 그 정신병자를 향해 총을 쏘지 말아야 할 논리적인 근거가 있을까요?

예외 없는 법칙

"예외 없는 법칙은 없다."라는 속담을 들어 본 적이 있을 것입니다. 만약 이것이 하나의 법칙이라면, 이 법칙은 틀린 것일 수도 있습니다. "예외 없는 법칙은 없다."라는 예외가 엄연히 존재하니까 말이에요.

어쩔 수 없이 법을 어겨야 하는 상황을 떠올려 보세요. 물론 우리는 모든 법을 알 수는 없습니다. 예를 들어 도둑질, 폭력, 살인 등과 같은 행위를 금지하는 법들을 생각해 보면 편리하겠죠.

섬에서의 규칙들

다시 우리의 섬으로 돌아가 봅시다. 다투지 않고 살아가기 위해서는
여러분들 스스로가 공동생활에 필요한 규칙들을 만들어야 합니다.
의견이 두 갈래로 나뉩니다. 어떤 친구들은 해도 좋은 것과 하지
말아야 할 것을 분명히 하는 규칙을 세워야 한다고 주장하면서,
다음과 같이 제안합니다.

● 남을 죽이거나 누구에게 해를 가해서는 안 된다.
● 남의 물건을 훔쳐서는 안 된다.

반면 나머지 친구들은 항상 적용되는 규칙이란 존재하지 않는다고
생각합니다. 불가피한 상황에서는 남에게 해를 가할 수도 있고,
누군가의 생명을 구하기 위해서는 도둑질도 정당화될 수 있지
않겠느냐고 그들은 주장합니다. 여러분이라면 어느 편에 서겠습니까?

법은 모두 도덕적일까?

불과 얼마 전만 하더라도 미국에는 유색인, 특히 흑인이 백인과 같은 버스를 타거나 같은 극장에 들어가는 것을 금지하는 법이 존재했습니다. 심지어는 화장실까지도 분리했을 정도랍니다.

　과거에는 여성도 남성과 동일한 권리를 갖지 못했으며, 많은 나라에서는 아직까지도 이런 법들이 남아 있습니다.

시민불복종

도덕적인 의무감을 갖고 어떤 법을 고의로 어기는 경우와 그런 행위를 일컬어 우리는 '시민불복종▪'이라고 합니다. 시민불복종의 일차적인 목적은 특정한 문제를 공개적인 토론의 장으로 끌어내는 것입니다. 특정한 법을 고치려는 경우일 수도 있고, 잘못된 결정들을 되돌려 놓으려는 경우일 수도 있답니다.

　예를 들어 우리는 무기 수출, 다리나 도로의 건설, 특정한 나무 벌목 등에 대한 반대 의사를 시민불복종을 통해 나타낼 수 있는 것입니다.

▪ **시민불복종**
시민불복종은 미국 작가·철학자 헨리 데이비드 소로가 1849년에 발표한 책 제목이기도 하다.

시민불복종이 진행되는 절차는 대략 다음과 같습니다.
1. 어떤 법이나 규정에 대해 반대 의사를 분명히 밝힐 필요가 있다.
2. 체포될 때까지 사건 현장을 떠나지 않는다.
3. 절대 폭력은 행사하지 않는다.

반달리즘과 같다?

텔레비전이나 신문에서 우리는 시민불복종이 무차별적인 파괴 행위인 반달리즘*과 동일하게 다루어지는 것을 자주 목격합니다.

　시민불복종 운동을 활발히 하는 사람들 중 일부는 대중들의 관심을 환기해 자신들의 행위를 과시하기 위해서는 파괴 행위가 최선이라고 생각하는 듯합니다. 하지만 폭력을 배제한 시민불복종으로 자신들의 목적을 이루고자 하는 사람들도 있답니다.

■ **반달리즘**
5세기 초 아프리카에 왕국을 세운 반달족이 지중해 연안에서 로마에 이르는 지역까지 약탈과 파괴를 거듭한 일에서 유래된 프랑스 말이다.

24

폭력은 없앨 수 없는가?

폭력이란 무엇일까

"폭력을 추방하자!"

이런 구호를 들어 본 적 있지요? 폭력이라는 말이 너무 자주 입에 오르내리는 바람에, 때로는 마치 위험한 물건이나 사나운 동물을 일컫는 것이 아닌가 하는 착각을 불러일으킬 정도랍니다. 다른 행성에서 외계 생물체가 우리 지구를 방문한다면, '폭력'이 누구인지 궁금해할지도 모를 일입니다.

우리는 폭력이 저절로 발생하지 않는다는 사실을 잘 알고 있습니다. 폭력을 행사하는 주체는 당연히 사람이죠. 하지만 그게 어떻다는 것인가요?

대체 폭력이란 무엇일까요? 대부분의 사람들은 너무나 간단한 질문이라서 따져 보고 말고 할 필요조차 느끼지 못하는 것 같습니다.

"폭력이 폭력이지 무슨 다른 설명이 필요해. 다른 누군가의 얼굴을 때리거나, 누군가를 발로 차거나, 심한 경우 칼로 찌르는 등등의 행위가 폭력이지."

이렇게 내뱉고는 시큰둥한 반응을 보이기 일쑤랍니다.

담임선생님이나 부모님께 같은 질문을 던져 보세요. 아마 비슷한 대답을 듣게 될 것입니다.

정신적 폭력

누군가에게 물리적인(즉 신체적인) 해를 전혀 가하지 않고서도 행사할 수 있는 폭력도 있답니다.

어느 친구 때문에 오랫동안 화를 참아 왔다고 가정해 봅시다. 그 앙갚음으로 뭔가 시빗거리를 찾아 익명으로 매일 협박 편지를 그 친구에게 보냅니다.

이런 행위도 일종의 폭력이겠지요. 누군가를 직접 때리는 것과 협박 편지로 괴롭히는 것에는 어떤 차이가 있을까요? 어떤 행위가 더 나쁜지 구분할 수 있나요? 또 어떤 한 친구만을 따돌리는 것은 어떤가요?

폭력 금지

여러분들이 살고 있는 섬에서 폭력 사건이 자주 일어납니다. 그래서 몇몇 친구들이 뜻을 모아 새로운 규칙을 제안합니다. 모든 분쟁과 갈등은 폭력 없이 해결되어야 한다는 규칙이죠. 투표로 결정하려고 하는 순간, 또 다른 몇몇 친구가 아예 투표 자체를 거부하며 밖으로 뛰쳐나갑니다. 자신들의 일은 스스로 결정하겠다는 의사표시인 셈이죠. 얼마 후 그들은 자신들의 짐을 챙겨 숲으로 사라집니다.

이런 상황에서 나머지 친구들은 어떻게 해야 할까요?

새로운 갈등

우여곡절은 있었지만 어쨌든 모든 분쟁은 폭력 없이 해결한다는 데
모두가 동의합니다. 그러던 어느 날 사건이 터집니다. 남은 친구들 중
몇몇이, 숲으로 갔던 친구들이 여러분의 오두막 앞에서 수영하는 것을
가로막고 나선 것입니다. 모래사장은 충분할 만큼 깁니다.

숲 속 친구들이 화를 내는 것도 당연합니다. 새로운 규칙이 없었으면
패싸움이 일어날 정도로 분위기가 험악합니다.

그들도 머리를 맞대어 복수할 방법을 짜냅니다. 다음 날부터
숲 속 친구들이 여러분들이 식수를 떠 오는 개울을 화장실로 사용하기
시작합니다. 물론 그들은 '화장실' 위치보다 상류의 물을 마셨던 거죠.
물이 오염되면서 여러분들은 하나둘씩 병에 걸리기 시작합니다.

이런 상황에서 과연 어떻게 해야 할까요?

하나의 규칙

어떤 형태의 규칙이라야 늘 변함없이 통용될 수 있을까요? 무엇보다도 '폭력'이란 낱말의 의미부터 정확히 규정해야 할 것입니다.

　우연한 사고로 누군가에게 해를 가했을 경우에는 '폭력'이라는 표현이 거의 사용되지 않는다는 것을 생각해 보세요.

　발에 박힌 유리 조각을 뽑아 내거나 뾰족한 못에 피부가 긁히면 당연히 고통스럽습니다. 하지만 이 경우에도 '폭력'을 당했다고 말하지는 않는다는 사실에 대해서도 생각해 보세요.

25

처벌은 범죄를
막을 수 있을까?

왜 처벌을 할까

교칙을 어기면 어떻게 되죠? 벌을 받을까요? 학교마다 다르긴 하지만, 어떤 학교에서는 뒤에 따로 앉히는 벌을 주기도 합니다. 하지만 심한 경우 정학이나 퇴학 등의 처분을 받기도 하고, 아주 심각할 때는 경찰을 부르는 경우도 없지 않답니다. 아마도 학생들에게 경각심을 주어서 다시는 같은 행위를 반복하지 않게 하려는 의도에서겠죠. 하지만 꼭 처벌이 필요한 걸까요?

오늘날에는 처벌을 통해 특정한 행위나 인성이 개선된다고 확신하는 사람은 그리 많지 않습니다. 그럼에도 불구하고 여전히 갖가지 종류의 범죄행위를 정해 놓고, 어길 경우 처벌하고 있습니다. 왜 그럴까요?

처벌의 의미

- 사람은 누구나 벌 받는 것을 두려워한다고 가정할 수 있습니다. 처벌에 대한 두려움이 범죄행위나 규칙 위반을 미리 막아 준다는 것이지요.
- 다른 사람들을 범죄로부터 보호해 준다는 점이 강조되기도 합니다. 교도소에 갇혀 있는 동안에는 더 이상 나쁜 짓을 할 수 없겠죠.
- 구약성서에 의하면 남에게 해를 가한 사람은 똑같은 방식으로 고통을 받아야 합니다. 여러분은 아마 "눈에는 눈, 이에는 이."＊라는 말을 들어 본 적이 있을 겁니다.

＊ 눈에는 눈 이에는 이
기원전 1750년 무렵에 함무라비 왕이 집대성한 법전에 나오는 규칙이다.

처벌이 도움이 되지 않을 경우

벌 받을 거라는 걸 뻔히 알면서도 많은 학생들이 교칙을 어깁니다. 거기에는 여러 가지 이유가 있을 수 있습니다. 자신의 행동에 대해 깊이 생각하지 않았을 수도 있고, 노력은 해 보았지만 규칙을 지키지 못했을 수도 있겠죠. 아니면 규칙 따위는 아예 안중에도 두지 않거나, 심지어는 벌 받는 것을 자랑으로 여기는 학생도 있을 것입니다.

그렇다면, 급우들을 괴롭히거나 무시로 폭력까지 행사하는 학생들을 어떻게 다루어야 할까요? 어떻게 하면 모두가 자발적으로 교칙을 지키게 만들 수 있을까요?

과속했다고 사형선고를?

학교 앞에서 차를 급하게 몰았다고 사형선고를 내린다면 과연 정당할까요? 그런데도 감히 과속할 사람이 있을 것이라고 생각하나요? 과속을 금지하기 위해서라면 사형도 정당하다고 할 사람은 아마 거의 없을 겁니다.

혹은 친구의 외모를 두고 모욕적인 말을 한 학생에게 10년 형을 선고한다고 생각해 보세요. 어느 정도의 처벌이 적당한지 정할 수 있을지 생각해 보세요.

다수를 위한 한 사람의 희생

자신이 행하지 않은 범죄에 대해 죄가 없는 사람이 처벌받는 것도 정당화될 수 있을까요? 더 나쁜 상황을 막기 위해서라면 말입니다.

누군가 희생을 감수한다면?

인근 섬에서 동물 한 마리가 죽임을 당했다고 가정해 보세요. 섬의
원주민들은 그 동물을 신성시했기 때문에 동물을 죽인 사람을 찾아서
처벌을 내리려 합니다. 여러분들 중 그 누구도 그렇게 하지
않았습니다. 그렇지만 누군가는 그 동물을 죽였다고 자백해야만 하는
상황입니다.

분위기가 험악해지면서, 죄인을 인도하지 않으면 여러분 모두를 굶겨
죽이겠다고 위협해 옵니다. 문제가 해결될 때까지는 생필품을 팔지
않겠다는 것입니다.

신성한 동물을 죽인 벌은 3주일 동안의 중노동이지요. 아무도 동물을
죽이지 않았지만, 다른 친구들의 목숨을 구하기 위해서 누군가가
희생을 감수해야 하는 난감한 상황입니다.

여러분이라면 과연 어떻게 하겠습니까?

26

동물도 권리를 가질까?

우리 몸은 고기를 필요로 할까?

소시지를 좋아합니까? 삼겹살구이나 통닭은 어때요? 인간이 고기를 먹는 건 극히 일반적인 행위입니다. 그렇다면 동물을 식용으로 삼는 것이 옳은 행위라고도 말할 수 있을까요?

흔히들 인간의 몸은 고기를 필요로 한다고 말합니다. 하지만 곰곰이 따져 보면 이러한 주장은 설득력이 약합니다.

물론 고기를 전혀 먹지 않을 수는 없습니다. 인간은 먹지 않고는 살 수 없으므로 무언가 다른 먹을거리로 고기를 대신해야 하지요. 그런데 채식만 고집하는 것도 위험한 발상일 수 있어요. 채식주의자들은 각종 과민성 질병에 걸릴 위험이 상대적으로 더 높다는 연구 보고도 있답니다.

늘 그래 왔기 때문에?

육식 문화를 옹호하는 또 다른 주장은 인간은 이미 오래전부터 육식을 해 왔다는 점을 근거로 제시합니다. 하지만 이런 주장 역시 곰곰 따져 보면 설득력이 부족한 것은 마찬가집니다. 책의 첫 부분에서 다룬 논증* 부분을 다시 한 번 읽어 보세요.

■ **논증, 논거**
13쪽 참고.

개인적인 이유들

여러분은 무엇 때문에 고기를 먹나요? 만약 앞으로는 고기를 먹지 않겠다고 결심한다면, 어떤 이유에서일까요? 여러분이 채식주의자일 경우, 어떤 이유 혹은 상황이 고기를 먹도록 강요할 수 있을까요?

사람과 동물, 차이와 공통점

인간과 동물 간에는 한 가지 중요한 차이가 있습니다. 우리 인간은 스스로 결정을 내릴 수 있는 능력을 갖고 있다고 믿는다는 사실입니다. 반면 동물들에게는 그러한 능력이 없는 것처럼 보입니다.

하지만 공통된 것도 있습니다. 어떤 동물들은 우리 인간과 마찬가지로 고통을 느낄 수 있답니다.

더 많은 동물들이 태어난다고?

만약 우리가 동물 고기를 먹지 않는다면, 아예 태어나지 않을 동물들도 많습니다. 식용을 위해 사육하는 동물들도 많으니까요. 따라서 우리가 고기를 더 많이 먹을수록 태어나는 동물의 숫자도 그만큼 늘어난다는 논리가 성립됩니다. 물론 동물들의 성장 환경을 최대한 배려하고 최대한 고통 없이 죽이는 것은 당연한 도리겠죠.

- 그렇다면 우리는 더 많은 고기를 먹어야 할까요?
- 짧은 생이라도 아예 태어나지 않는 것보다는 낫다고 말할 수 있을까요?

모든 생명체는 동일한 권리를 갖는다?

동물들은 학대받거나, 죽임을 당하거나, 식용으로 이용되어서는 안 된다고 주장하는 사람도 많습니다. 생명체는 모두 우리 인간과 같은 권리를 갖고 태어나기 때문이라는 거죠.

여러분의 생각은 어떻습니까? 모든 동물에게 적용되는 논리일까요?

동물 실험

우리는 동물을 식용으로만 이용하는 것은 아닙니다. 동물들의 도움으로 과학 실험을 하기도 합니다. 물론 전부 다는 아니지만 비누, 샴푸, 화장품 등의 상품들은 대부분 동물을 대상으로 한 성분 실험을 거쳐 생산됩니다. 의약품들도 마찬가지죠.

한 연구자가 불치병을 치료할 수 있는 신약을 개발했다고 가정해 봅시다. 하지만 먼저 실험 과정을 거쳐야 합니다. 부작용이 오히려 환자의 생명을 단축시킬 수도 있기 때문이죠. 이 신약을 실험할 수 있는 대상은 고릴라와 사람뿐입니다. 어느 쪽을 선택해야 할까요?

27

선택을 포기하는 것도
선택이다?

선택과 후회

흔히들 "올바른 결정을 내리려면 깊이 생각해야 한다."고 말합니다. 하지만 깊이 생각한다고 해서 반드시 올바른 판단을 할 수 있는 것은 아니랍니다. 원하는 것이 무엇인지를 정확히 알고 있었는데도 잘못된 판단을 내려 나중에 후회하곤 하죠.

물론 선택권이 있다는 것은 바람직한 일입니다. 하지만 어떤 경우에는 선택할 필요가 없는 것이 더 좋을 수도 있답니다. 약간 이상하게 들리겠지만, 선택권을 포기하는 것 또한 하나의 선택이 될 수 있습니다.

반년 동안은 뜨개질 수업을 받았습니다. 엄청 재밌었습니다. 그리고 나머지 반년 동안은 작문 수업으로 보내고 있어요. 선택할 권리가 없어도 괜찮아요. 왜냐고요? 작문 수업도 엄청 재밌거든요.

(조윤, 9세)

선택의 가능성들

취미 활동을 한 가지 찾고 있다고 가정해 보세요. 다음과 같은 네 가지 가능성이 있습니다.

- 번지점프
- 태권도
- 축구
- 승마

무엇을 택할 것인지 고민해 보세요. 모두 다 해 보고 싶나요? 친구들이 한다고 따라 하고 싶지는 않습니다. 어떤 생각들이 떠오르나요? 미래에 뛰어난 축구 선수가 되어 관중들의 환호를 받으며 축구장을 누비는 자신의 모습을 상상해 보세요.

어쩌면 승마보다는 태권도에 더 끌릴지도 모릅니다. 태권도는 집에서 혼자서도 즐길 수 있으니까요. 여러 관점에서 생각해 볼 수 있습니다. 물론 앞에서 예로 든 번지점프, 태권도, 축구, 승마 이외에도 다양한 선택 가능성이 있을 수 있지요. 일단 여기에서는 이 네 가지 중에서 하나를 골라야 합니다. 선택의 폭이 커질수록 선택은 그만큼 더 어려워지기 때문이죠.

옳은 것과 이성적인 것

섬에서 함께 살아가는 친구들이 낚시를 한다고 가정해 봅시다. 어떤 모둠에는 낚시 전문가가 포함되어 있습니다. 그는 몇 주일 동안 발품을 팔아 섬 주위의 바닷가를 샅샅이 뒤지며 조사합니다. 그런 다음 그는 자신이 속한 모둠의 친구들에게 낚싯대를 설치할 정확한 지점을 알려 줍니다. 반면 또 다른 모둠의 친구들은 그저 마음에 드는 장소를 골라 앉아 낚시를 시작합니다.

한 시간 동안 두 번째 모둠은 물고기를 열다섯 마리나 낚아 올리지만, 낚시 전문가가 속한 모둠은 단 한 마리도 잡지 못합니다. 결과를 놓고 볼 때, 분명 두 번째 모둠이 옳은 선택을 했습니다. 하지만 그렇다고 이 그룹이 이성적으로 판단했다고는 말할 수 없답니다.

옳은 판단과 이모저모 따져 본 후에 내리는 이성적 판단은 엄연히 다릅니다.

중요한 결정의 순간?

이를테면 녹차와 홍차 중 하나를 골라야 하는 경우에서처럼, 때때로 우리는 선택에 앞서 심각하게 고민하지 않습니다.

선택에 앞서 심각하게 고민해야만 하는 극히 중요한 상황들을 떠올려 보세요.

이성적 배려

'8. 정의란 무엇인가?'로 되돌아가서, 정의 혹은 공정성의 문제와 '무지의 장막 뒤'에서 규칙들을 결정하는 것이 최선이자 가장 합리적이라는 존 롤스*의 이론을 다시 한 번 꼼꼼히 읽어 보세요. 존 롤스는『정의론』에서 어떻게 하면 공정한 사회를 만들 수 있을까 하는 문제를 두고 일종의 생각연습을 하고 있답니다.

■ **존 롤스**
61~62쪽 참고.

우리는 자신이 사회에서 어떠한 위치에 놓이게 될지를 전혀 모르는 상태에 있을 경우 자신의 이익과 지위에서 비교적 자유로울 수 있으며, 그런 상태에서야 비로소 사회정의에 맞는 규칙이나 법칙을 만들어 낼 수 있다고 롤스는 주장합니다. 물론 이 주장에 반대하는 철학자들도 많습니다.

점술가의 상자

P라는 여자는 자신이 미래의 일을 미리 알 수 있다고 주장합니다. 그녀는 한 소년에게 흰색과 검은색의 나무상자 두 개를 보여

줍니다. 흰 상자에는 10만 원이 들어 있고, 검은 상자는 텅 비어 있습니다. 그녀는 소년에게 밖으로 나갔다가 5분 후에 다시 들어오라고 말합니다. 다시 방으로 들어가면 두 상자 중 하나를 선택해야 합니다.

"네가 잠시 나가 있는 동안, 네가 검은 상자를 택할 것이라는 예언이 나오면 검은 상자에 백만 원을 넣겠다. 하지만 네가 두 상자 모두를 택할 것이라는 예언이 나오면 검은 상자에는 단 한 푼도 넣지 않을 거야."

방으로 다시 들어서자 그녀는 흰 상자에 10만 원이 아직 그대로 들어 있다는 것을 확인시켜 줍니다. 하지만 검은 상자는 닫혀 있습니다. P의 말을 액면 그대로 받아들인다면, 소년은 두 상자 모두를 택할 경우 10만 원을, 그리고 검은 상자를 택할 경우 백만 원을 받게 됩니다.

따라서 당연히 검은 상자를 택해야겠죠. 하지만 그 순간 두 상자 모두를 선택할 수도 있다는 생각이 번뜩 떠오릅니다. 설령 P가 미래를 내다보는 능력이 있다고 해도, 어떻게 생각만으로 상자 속의 돈을 사라지게 할 수 있단 말인가? 두 상자 모두를 택할 경우 110만 원을 받을 수도 있지 않을까? 그녀의 말대로 검은 상자가 비어 있다고 해도 무조건 10만 원은 챙길 수 있으니 전혀 손해될 건 없잖아?

여러분이라면 과연 어떤 선택을 하겠습니까? 그리고 그 근거는 무엇인가요?

28

다른 사람의 선택이
나의 선택에 영향을 미치나?

게임을 고르세요

선택의 대상과 방법은 무궁무진합니다.

두 가지 게임 중 하나를 선택해야 한다고 가정해 보세요. 게임의 승률은 동일합니다. 첫 번째 게임에서는 승자는 10만 원을, 패자는 5만 원을 받습니다. 두 번째 게임에서는 승자는 100만 원을, 패자는 2만 원을 받습니다.

여러분이라면 어떤 게임을 선택하겠습니까?

죄수의 딜레마

다른 사람들의 선택이 우리의 선택에 영향을 주는 경우도 자주 있습니다. '죄수의 딜레마'*는 이러한 상황을 잘 보여 주는 생각놀이랍니다.

■ **죄수의 딜레마**
2명이 협력할 경우 모두에게 가장 이익이 되는 상황이지만 각자의 욕심으로 불리한 상황을 선택하게 된다는 이론이다. 사회과학, 특히 경제학과 정치학에서 널리 쓰이는 게임 이론 중의 하나이다.

A와 B라는 두 사람은 여러 차례 작은 범죄를 저질렀습니다. 그런데 이번에는 아주 큰 사건에 연루되었습니다. 은행을 털었다는 혐의를 받고 있죠. 경찰은 이 두 사람의 과거 행적에 대해서는 낱낱이 꿰뚫고 있지만, 은행을 털었다는 확실한 증거는 확보하지 못했습니다. 그래서 자백을 받아 내려고 합니다. 각각 다른 감방에 둔 다음, 같은 시간에 두 사람 모두에게 다음과 같이 말합니다.

"만약 당신이 은행을 턴 사실을 시인하고 당신의 공범은 부인할 경우, 당신은 모든 형이 면제되어 석방됩니다. 그리고 당신의 공범은 20년 형을 선고받게 되죠. 지금 이 순간 당신의 공범도 같은 제안을 받고 있답니다. 두 사람 다 시인할 경우, 각각 10년 형을 선고받습니다. 두 사람 다 부인할 경우, 다른 범죄들을 적용하여 각각 2년 형을 선고받습니다."

혐의 사실을 부인하는 것이 두 사람 모두에게 최선인 것처럼 보입니다. 하지만 또 한편으로는, 자신은 시인하고 공범은 부인하는 것이 각자에게 더욱 바람직한 상황이기도 합니다.

'저 친구가 시인하면 어떡하지?'

A는 고민에 빠집니다.

'그렇다면 나도 시인하는 게 좋겠어. 20년 형보다야 10년 형이 백 번 낫지. 설령 저 친구가 부인하더라도 나로서는 시인하는 게 상책이야. 그러면 완전히 풀려나는 거야.'

따라서 B의 선택과는 무관하게 혐의 사실을 시인하는 것이 A에게는 최선책이 될 수 있습니다. 경찰이 이들 두 사람에게 동시에 같은 제안을 한 배경에는 이런 논리가 숨어 있답니다. B 또한 어쩔 수 없이 A의 선택과는 무관하게 혐의 사실을 시인할 수밖에 없을 것이라고 판단한 거죠.

두 사람 모두 이런 생각을 한다면 어떤 결과가 나올까요?

언제 멈춰야 할까?

100원짜리 동전 100개가 있습니다. 여러분과 친구 한 명이 번갈아 가며 하나씩 집습니다. 마지막으로 집는 사람이 그때까지 모은 동전을 몽땅 상대방에게 주어야 합니다. 멈출 때를 정하는 것은 각자의 몫입니다. 동전 100개가 바닥날 때까지 게임은 반복되며, 최종적으로 동전의 개수가 많은 사람이 승자가 됩니다. 여러분이 먼저 시작합니다.

언제 멈추는 게 유리할까요?

29

학문이란 무엇인가?

학문은 왜 권위를 가질까

'학문'이란 무엇일까요? 설마 광고효과를 높이기 위해 만든 말은 아니겠죠? 텔레비전 광고에서 의사들이 양념처럼 섞어 쓰는 표현이니까 말이에요. 하지만 많은 사람들이 '학문'을 긍정적이며, 우리에게 꼭 필요한 그 무엇으로 받아들이고 있다는 사실만은 분명합니다.

광고에서 피부용 크림은 모두 '과학적으로 입증된' 주름살 제거효과를 갖고 있으며, 샴푸는 '연구소에서 개발한' 것이기 때문에 안전하고 환경 친화적이라고 소개됩니다. 학문이라는 주제는 이 책에서 다루는 철학적인 물음들과 연결되므로, 여러분은 수시로 책장을 앞뒤로 넘겨 가며 다시 살펴볼 필요가 있습니다.

학문 = 체계적인 지식

학문적 연구는 사물간의 유사성을 찾아내거나, 사건들, 경험들 혹은 사물들을 하나의 테두리로 묶는 범주화 과정을 끊임없이 반복해 나가야 합니다.

이 문제와 관련해서는 '4. 말은 사실과 일치할까?' 중 범주에 대한 부분*을 다시 한 번 꼼꼼히 읽어 보세요.

■4. 말은 사실과 일치할까?
36~37쪽 참고.

학문과 일상생활

학교에서 배우는 교재들은 다양한 학문에 토대를 두고 있습니다. 우리가 알고 있는 갖가지 질병과 그 치료법에 관한 지식도 거의 대부분 학문적 연구의 결과랍니다. 우리가 먹는 음식, 휴대용 단말기에서 방출되는 전자파의 유해성, 청소년기의 행동 양식, 이집트의 역대 왕들, 세제, 민주주의 제도 등등 학문적 연구 대상은 셀 수도 없이 많습니다.

이러한 연구는 우리의 일상생활을 더 편리하게 만들어 주지만, 또 다른 한편으로는 다른 사람들의 행복을 제한하거나 지구 환경에 나쁜 영향을 가져올 수도 있답니다.

학자가 된다는 것은

여러분의 학교에도 실험 수업이 있죠? 하지만 그런 활동은 진정한 의미에서의 학문과는 차이가 있답니다. 여러분은 혼자 힘으로 그저 무엇인가에 관해 연구해 보는 것으로 그칩니다. 하지만 학자는 그중에서도 특히 과학자는 끊임없이 새로운 무엇인가를 찾아내고, 그것을 깊이 연구하여 그 결과물들을 다른 사람들에게 널리 알려야 한답니다.

여러분이 학문적 연구를 한다고 가정할 때, 무엇에 관해 깊이 파고들고 싶나요?

연구하는 학자들은 아무리 사소한 생각이라도 그냥 지나치는 법이 없답니다. 특이한 사고 구조를 가졌다고나 할까요. 학자는 자신의 학문적 결과물이 단순한 주장 그 이상이라는 것을 입증하고, 다른 사람들이 그것을 사실로 받아들일 수 있게 만들어야 합니다. 뿐만 아니라 그 결과물은 그때까지의 이론이나 견해를 뛰어넘어야 하죠.

학문의 경계선

태어난 날의 행성들 위치가 자신의 운명에 영향을 미친다고 믿는 사람들만을 연구해서는 인간의 보편적 특성을 탐구하기 어렵습니다. 점성술이 과학에서 제외되는 것도 같은 이유에서입니다.

최근 그 효과가 입증되면서 치료법으로 이용하는 사람이 늘어나고 있긴 하지만, 서양에서는 오랫동안 침술도 점성술과 비슷한 취급을 받아 왔습니다.

천문학

철학은 모든 학문의 토대랍니다. 오랜 옛날부터 사람들은 하늘과 천체를 연구했습니다. 당시 연구자들은 후세 사람들이 그 해답을 구하려고 시도한 여러 가지 물음들을 던졌기 때문에, 그들의 행위는 철학적인 것이었다고 말할 수 있습니다.

시간이 흐르면서 사람들은 다양한 도구들을 개발하여, 그 도움으로 자신들의 이론을 시험할 수 있었습니다. 특히 망원경이 발명되면서, 사람들은 천체를 더 정확히 연구하고 그 결과를 그때까지의 이론들과 비교할 수 있었답니다. 그리고 그 결과 천문학이라는 학문이 탄생한 것입니다.

무엇이 실제일까?

무엇인가에 대해 연구하고 있지만 아직 확실한 증거나 해답을 구하지 못했을 경우, 방향은 제대로 잡고 있는지를 도대체 어떻게 알 수 있을까요?

이 문제와 관련해서는 '12. 지식이란 무엇인가?' 중 전지적이란? 과 '14. 가상이냐 실제냐?'의 물자체＊를 다시 한 번 읽어 보세요.

■ **12. 지식이란 무엇인가? 중 전지적이란?**
76쪽 참고.
14. 가상이냐 실제냐?의 물자체
81쪽 참고.

연관성

학자들은 사물들의 연관 관계를 찾습니다. 그들이 추구하는 최종적인 목표는 언제 어디서나 적용되는 법칙들입니다. 이를테면 "순수한 물은 섭씨 0도에서 언다."와 같은 식의 법칙 말이에요.

하지만 결코 쉬운 일은 아니랍니다. 결론을 이끌어 내는 방법을 다룬 '16. 어떻게 결론을 낼 수 있을까?', '12. 지식이란 무엇인가?'를 다시 한 번 읽어 보세요.

■16. 어떻게 결론을 낼 수 있을까?
87쪽 참고.
12. 지식이란 무엇인가?
73쪽 참고.

수학책과 생선 요리

저녁에 생선 요리를 먹은 다음 날에는 항상 수학책을 빠뜨리고 학교에 간다고 가정해 보세요. 이 경우 생선 요리를 먹는 것과 수학책을 빠뜨리고 학교에 가는 것 사이에 어떤 연관성이 있다는 논리적인 근거가 있을까요? 없다면 그 이유는 무엇일까요?

우리는 미래에 관해서 어떤 것을 알 수 있을까?

흰 백조들에 관한 논증을 기억하죠? "모든 백조는 흰색이다."는 결론은 참이 아니라는 것을 우리는 확인했습니다. 하지만 오스트레일리아에서 검은 백조가 발견되기 전까지는 이 명제가 참인 것으로 통용되어 왔답니다.

이와 마찬가지로 앞으로 언제든지 새로운 정보들이 등장하여 우리가 알고 있는 지식이 틀린 것이 될 수도 있습니다.

■지식
75쪽 참고.

30

죽음 이후
또 다른 삶이 있을까?

죽음과 두려움

만약 인생이 컴퓨터 게임과 같다면 죽음도 전혀 문제될 게 없겠죠. 게임이 끝나면 다시 시작할 수 있으니까 말이에요. 하지만 우리 인간의 삶은 그러지 못합니다.

죽고 싶지 않다는 것은 너무나 정상적인 현상입니다. 하지만 죽고 싶지 않기 때문에 사람들이 죽음을 두려워한다는 것을 의미하지는 않습니다. 그럼에도 불구하고 대다수의 사람들이 죽음을 두려워하는 이유는 무엇일까요? 그건 아마도 죽음이 무엇인지를 정확히 알 수 없기 때문일 것입니다. 죽으면 과연 어떻게 될까요?

두려운 것은 죽음일까, 죽어 가는 과정일까

어떤 사람이 실제로 죽었는지 아닌지를 진단하는 문제도 그리 간단하지 않답니다. 정확히 어느 순간을 죽음으로 간주할 수 있을까요? 오늘날 많은 나라에서 뇌의 활동이 멈추는 시점부터 사망으로 봅니다. 하지만 과거에는 심장박동이 멈춘 시점부터 사망으로 간주되었습니다.

혼수상태에 빠져 의식이 돌아오지 않아도 뇌는 계속 활동할 수 있습니다. 이런 경우 실제로 죽었다고는 할 수 없지만, 의식이 없으므로 진정한 의미에서 살았다고도 할 수 없습니다.

뇌가 활동을 멈추면 우리는 생각도 할 수 없고 느낄 수도 없습니다. 한마디로 아무것도 의식할 수 없는 것이죠. 그러므로 정작 우리가 두려워하는 대상은 죽음 자체가 아니라 죽어 가는 과정일 것입니다. 고통스러운 병이나 끔찍한 사고 등이 두려운 거죠.

우리는 죽어 가는 과정, 다시 말해 죽기 전에 발생하는 여러 가지 일들을 두려워합니다. 하지만 우리 대부분은 언제 어떻게 죽음을 맞이하게 될지를 알 수 없습니다. 만약 인간이 모두 정확히 90년을 살고 죽는다면, 굳이 그 전에 죽음을 두려워할 필요는 없을 겁니다.

물론 앞으로 언젠가는 내가 더 이상 존재하지 않게 될 것이라고 생각하면 무서울 수도 있겠죠. 하지만 태어나기 전에 여러분은 존재하지 않았지만, 그렇다고 무서워하지는 않잖아요.

사후의 삶

많은 사람은 영생을 믿습니다. 죽음 이후에 또 다른 삶이 기다리고 있다는 것이죠. 이런 생각은 컴퓨터 게임 속의 삶과 흡사합니다. 한 순간 모든 것이 끝나 버리지 않고 삶이 계속 이어진다는 생각으로 위안을 삼는 셈입니다. 하지만 정작 두려운 것은 죽기 전의 일이기 때문에, 이런 위안도 크게 도움이 되지 못합니다.

우리의 수명은 너무 짧은 것일까?

어른들은 흔히 인생이 너무 짧다고 말합니다. 150년이나 살 수 있는 거북과 비교하면 그렇겠죠. 하지만 하루살이의 삶과 비교하면 인간의 수명은 너무나 길다고도 말할 수 있을 것입니다. 중요한 것은 각자에게 주어진 시간을 어떻게 의미 있게 살아가느냐 하는 문제일 것입니다.

'시간 낭비'라는 말의 의미에 대해 곰곰이 생각해 본 다음, 여러분이 실제로 경험한 사례들을 적어 보세요.

죽음은 우리와 무관하다. 왜냐하면 우리가 존재하는 동안에는 죽음이 없으며, 죽음이 찾아왔을 때는 이미 우리는 더 이상 존재하지 않기 때문이다.

에피쿠로스[■]

■ 에피쿠로스
187쪽 참고.

우리가 죽은 후에도 삶이 계속 이어진다면, 지금 이 세상에서의 삶은 과연 어떤 의미를 가질 수 있을까요? 다시 태어난다는 것은 정확히 무슨 말인가요? 다른 몸으로 다시 태어난다는 뜻일까요? 그래도 여전히 나는 나일까요?

여러분의 뇌가 더 이상 활동하지 않는다고, 다시 말해 여러분이 죽었다고 생각해 보세요. 그래도 여전히 나는 나라고 할 수 있는 그 어떤 것이 존재할까요? '1. 나는 누구인가?'로 다시 돌아가서, 이 문제에 대해 곰곰이 생각해 보세요.

■ 1. 나는 누구인가?
17쪽 참고.

31

신은 있을까, 없을까?

신이 존재할까?

참으로 까다로운 질문입니다. 도대체 '신'이란 무엇을 의미할까
요?

흔히들 신이란 우리가 선하다고 느끼는 그 모든 것들을 뭉뚱그
려 달리 표현한 말에 지나지 않는다고 생각합니다. 하지만 신을 믿
는다고 말하는 사람들의 경우는 다릅니다. 신은 단순히 선한 모든
것, 그 이상의 의미를 갖는다고 생각하기 때문이죠.

한편으로는 신이 우리의 현실을 창조했지만 또 다른 한편으로는
신이 실제로 존재한다는 것을 증명하기는 어렵다고 가정해 보면,
너무 복잡해서 머리가 아파 옵니다. 이 세상이 신의 존재에 대한
확실한 증거라고 생각하는 사람도 많습니다. 만일 신이 없다면, 이
세상도 그 어떤 의식된 삶도 존재하지 않는다는 것이죠.

신은 철학적 주제인가?

많은 사람들은 신의 존재 여부에 관한 물음은 지식이 아니라 종교와 관련된다고 생각합니다. 하지만 신을 믿지 않는 사람들은 "신이 존재한다면, 이 세상에 그처럼 많은 고통을 허용하지는 않았을 것"이라는 식의 논리로 반박합니다.

신의 존재를 증명하기 위해 평생을 바친 사람도 적지 않습니다.

안셀무스의 증명

철학자이자 신학자였던 대주교 캔터베리의 안셀무스는 다음과 같은 식으로 신의 존재를 증명했습니다.

■ **안셀무스**
188쪽 참고.

> 더 이상의 크기로는 상상될 수 없는 상태에 있는 그 무엇(=신)은 우리의 머릿속에서만 존재하기는 불가능하다. 왜냐하면 만일 그것이 우리의 머릿속에서만 존재한다면, 우리는 그보다도 더 큰 무엇인가를 상상할 수 있기 때문이다. 그러므로 우리는 우리의 머릿속으로 떠올리는 것과 정확히 일치하지만, 머릿속을 뛰어넘어 그 자체만의 특성을 지닌 채 존재할 수밖에 없는 그 무엇인가를 상상할 수 있다.

많이 헷갈리죠? 그의 추론이 과연 타당한지, 논리적 모순은 없는지 곰곰 생각해 보세요.

■ **추론**
45쪽 참고.

신을 변호하다?

신이 선한 존재라면, 어떻게 이 세상에 전쟁, 굶주림, 지진 등과 같은 온갖 고통과 불행을 허용할 수 있겠는가? 이러한 물음이 이른바 '변신론* 문제'로서, 이 물음에 답하기 위해 많은 사람들이 씨름해 왔답니다.

어떤 사람들은 악을 만든 것은 신이 아니라고 주장합니다. 신은 인간에게 자유의지를 주었는데, 인간이 악을 선택하고 말았다는 논리죠. 그들의 설명에 따르면, 인간이 죄악 속에서 살아가는 것도 다 그 때문입니다.

결국에는 인간을 진정으로 선하게 만들기 위해 악이 필요하다고 주장하는 사람들도 있습니다. 또 어떤 사람들은 악 또한 신의 작품으로서, 악을 더함으로써 비로소 신의 창조가 완성되었다는 논리를 내세웁니다. 악이 없으면 선도 인식할 수 없다는 것이죠.

하지만 신이 전지전능한 존재라면, 우리 인간이 죄도 짓지 않고 고통도 받지 않게 배려할 수도 있지 않을까요?

■ 변신론
신을 변호하는 이론. 독일 철학자 라이프니츠가 쓴 책 제목이기도 하다.

신은 모든 것을 할 수 있나?

만약 신이 모든 것을 할 수 있다면, 너무 무거워서 신 자신조차도 움직일 수 없는 바위를 만들어 낼 수도 있지 않을까요? 이 모순을 해결할 수 있는지 생각해 보세요.

32

시간은 변치 않는 것일까?

시간을 이해할 수 있을까?

"아이들은 종종 상황을 시간 순서대로 이해하는 데 어려움을 겪는답니다."

학부모 간담회 자리에서 한 여교사가 이렇게 말하면서, 이 문제를 해결하기 위해 자신은 수업을 어떤 식으로 진행하는지 열변을 토합니다.

"지구가 태양을 한 바퀴 도는 데는 정확히 1년이라는 시간이 걸립니다. 그리고 지구가 스스로 한 바퀴 도는 데는 정확히 24시간이 걸리고, 그 24시간은 하루가 됩니다. 또……."

물론 여러분은 별 어려움 없이 이 말을 이해할 것입니다. 하지만 시간에 관한 문제들이 그리 단순하지는 않답니다.

시간이란 것이 과연 존재할까?

우리는 시간을 볼 수 없습니다. 흔히들 시간은 존재하지 않는다고도 말합니다. 그렇지만 우리 눈에는 보이지 않아도 분명 존재한다고 믿는 것들도 많지 않습니까? 이를테면 사랑, 우정, 원자 등등 말이에요. 물론 우리는 우정이나 사랑의 징표는 볼 수 있습니다.

마찬가지로 시간에도 징표가 있답니다. 다시 말해 이 세상에 존재하는 모든 것은 시간이 흐르면서 닳고 낡아 가며 결국에는 소멸합니다.

결국 시간의 존재 여부는 우리가 '시간'과 '존재하다'라는 용어를 어떻게 이해하느냐에 달려 있다고 할 수 있습니다.

시간은 두 가지?

우리는 '실제 시간'과 '느낀 시간'을 구분할 수 있습니다. 지루할 경우 우리는 시간이 느리게 간다고 느낍니다. 이것이 바로 느낀 시간이죠. 반면 실제 시간이란 누구에게나 동일하게 적용되는 것으로, 일반적으로 시계가 가리키는 시간이라고 이해하면 쉬울 것입니다.

원인과 결과와 시간

'원인'과 '결과'라는 두 가지 개념으로 시간 문제에 접근해 봅시다. 말하자면 이 두 가지 개념은 시간에 일정한 방향을 제시해 줍니다. 시간이라는 관점에서 볼 때 원인은 항상 결과에 앞서기 때문이죠.

예를 하나 들어 봅시다. 유리창에 돌멩이 하나가 날아와 부딪칩니다. 그리고 그로 인해 유리창이 부서집니다. 시간상으로 앞선 돌멩이(원인)가 유리창이 부서지는 결과를 낳은 거죠. 하지만 여기에서 시간 그 자체는 전혀 개입하지 않았습니다. 여러분의 알람시계를 울리게 하는 것은 시간이 아닙니다. 바로 시계를 맞춰 둔 여러분이죠.

변화의 척도

우리는 시간을 변화의 척도로 이해하기도 합니다. 모든 것이 항상 그대로이고 변화하지 않는다면 우리는 시간을 측정할 수 없겠죠. 물론 복잡한 과정입니다만, 어쨌든 우리는 변화를 측정합니다.

사람들은 지구의 운동을 여러 단계로 나누었습니다. 우리는 지구가 태양을 한 바퀴 돌 때마다 1년이 경과했다고 말합니다. 하지만 매번 같은 시간 동안 지구가 태양을 도는 것일지, 그것을 어떻게 측정할지 알아보세요.

무엇이 존재하는가?

그렇다면 변하는 것이 전혀 없어도 시간이 존재할까요?

우리는 시간과 공간을 다른 사물들과는 무관하게 존재하는, 무한대로 큰 그릇 같은 것으로 상상할 수 있습니다. 혹은 다양한 사물들과 현상들만 존재할 뿐, 시간과 공간은 아예 없다고도 생각해 볼 수 있지 않을까요?

"태양에서는 지금 몇 시죠?"

누군가가 이렇게 묻는다면 어떻게 대답하겠습니까?

시간 여행

과거로 시간 여행을 할 수 있어서, 16세인 할아버지의 할아버지를 만난다고 가정해 보세요. 여러분은 그가 악한 인물로, 많은 사람을 살해했다는 사실을 들어서 알고 있습니다. 그는 지금 절벽 위에 서 있습니다. 여러분은 그를 절벽 아래로 떠밀어 버리고 싶은 충동을 느낍니다.

어떻게 하겠습니까? 여러분은 과연 무엇을 할 수 있을까요?

대한민국 국민인가,
세계 시민인가?

애국심이란?

여러분은 대부분 대한민국에서 태어났을 거예요. 주위 사람들이 입버릇처럼 우리는 대한민국 사람으로서 '자긍심'을 가져야 한다고 말합니다. 도대체 왜 그래야 하는 걸까요? 자신의 나라를 자랑스러워해야 하는 특별한 이유가 있는 걸까요?

'살기 좋은' 나라에서 태어났다면, 아마도 '행운'이라고 말할 수 있을 것입니다. 대부분 굶주리지도 않고, 전쟁의 고통도 겪지 않고 말이죠. 그렇지만 도대체 무엇에 대한 긍지를 가지라는 말일까요?

대한민국이란?

'대한민국'이란 도대체 무엇을 의미할까요? 지도를 펼쳐 놓고 손가락으로 대한민국을 구분하는 국경선을 그릴 수는 있습니다. 지도에서 보면, 대한민국은 삼면을 바다와 접하고 있는 한 무더기의 땅입니다. 하지만 이것만으로는 부족합니다.

"대한민국이란 영토, 정부, 국민, 그리고 기타 모든 것들을 포함하여 지칭하는 말이다."

뭔가 좀 안다는 사람이라면 분명 이런 식으로 답할 것입니다.

시민권자와 출생 시민

■ 국적
한 나라의 영토에서 태어나면 취득하거나, 부모의 국적을 물려받는 두 원칙이 있는데, 나라마다 다르다.

'대한민국 국적 ▪ 권자'와 '대한민국 출생 시민'은 엄연히 다릅니다.

원칙적으로 누구나 대한민국 국적권자가 될 수 있습니다. 이른바 대한민국 '클럽'에 가입하여 대한민국 정부가 정한 법을 준수할 것에 동의하면, 누구나 여타 대한민국 사람들과 동등한 권리를 부여받게 됩니다. 일정한 요건을 갖추고 약간은 복잡한 절차를 거쳐야 하지만, 어쨌든 원칙적으로는 그렇다는 말입니다.

반면 대한민국 출생 시민이란 부모가 대한민국 태생이고 자신도 대한민국에서 태어난 사람을 말합니다.

대한민국 사람이란 누구를 말하는가?

대한민국 사람이란 과연 누구를 지칭할까요? 사전에 따르면 대한민국에서 태어난 사람을 뜻합니다. 그렇다면 부모는 이란에서 왔지만 자신은 대한민국에서 태어나 그곳에서 살고 있을 경우에도 대한민국 사람이라고 할 수 있을까요? 현재 대한민국에서 살고 있으며 부모와 할아버지 할머니도 대한민국에서 태어났지만, 아버지의 할아버지가 이란에서 왔을 경우에는 어떻게 될까요?

우리나라?

대한민국을 '우리나라'라고 부를 수 있는 근거는 과연 무엇인가요?

"처음부터 여기에 살았기 때문이다."라는 식의 대답은 설득력이 약합니다. 그렇다면 특정 지역을 '우리나라'라고 부르면서, 다른 지역들과 경계를 지을 수 있는 타당한 근거는 없는 걸까요?

소유권은 어떻게 생기나

섬에서 친구들과 함께 각자의 거주지를 정한다고 가정해 봅시다.
제비뽑기로 구역을 정한 다음, 각자 울타리를 만들어 자신의 영역을
표시합니다. 맨 처음으로 차지했기 때문에, 모두들 자신에게 할당된
땅을 자신의 소유로 생각합니다.

하지만 알고 보니 그 섬에는 여러분들보다 먼저 들어와서 정착한
사람들이 있었습니다. 여러분들이 나눠서 집을 지은 그 지역은 다른
사람들이 이미 자기 땅으로 정해 놓았던 땅이었죠. 뿐만 아니라 그들은
공동체를 만들고 여러 가지 규칙들까지 정해 놓고 있었습니다.

여러분들과 그들은 소유권을 놓고 싸웁니다. 여러분들은 물론 그들이
섬에 먼저 들어와 살았다는 사실은 인정하지만, 그것이 특정 지역을
자신들의 땅이라고 주장할 수 있는 근거라는 데는 동의하지
않습니다.

이 경우 누구에게 소유권이 있을까요? 그리고 여러분들은 어디에서
살아야 할까요?

유럽연합과 국제연합

대한민국은 '국제연합(UN)'에 속한 나라입니다. 한편 스웨덴 같은 나라는 유럽에 있는 여러 국가들로 구성된 공동체인 '유럽연합(EU)'에 속해 있습니다.

여러분이 스웨덴에서 태어났다면 다른 유럽국들의 아이들과 더불어 동일한 공동체의 구성원인 것입니다. 그렇다면 '동일한'이란 수식어는 도대체 어떤 의미를 갖는 걸까요?

학교에서 친구들과 동아리를 만들었다고 생각해 보세요. 구성원은 모두 10명입니다. 시간이 흐르면서 원래의 구성원들이 하나둘씩 탈퇴하고, 마침내는 10명 모두 다른 구성원들로 바뀝니다.

이 경우에도 여전히 같은 동아리라 할 수 있을까요? 만약 그렇지 않다면 그 이유는 무엇인가요?

■ **국제연합과 유럽연합**
국제연합은 제2차 세계대전 후 1945년, 유럽연합은 1992년에 창설되었다.

세계정부가 있다면?

정부형태와 헌법을 갖춘 나라는 전혀 없고, 오직 전 세계 모든 사람에게 동일하게 적용되는 하나의 세계정부만 존재한다고 가정해 봅시다.

사람들은 지리적 특성에 따라 자신들의 문제는 스스로 해결하는 규칙이 존재해야 한다고 생각할 수도 있습니다. 북쪽 지방에서는 편의에 따라 낮 동안에만 학교가 문을 열지만, 반대로 따뜻한 지역의 아이들은 밤에 등교를 하는 것과 같은 것 말이에요. 하지만 아이들을 때리는 행위는 세계 어느 곳에서나 금지됩니다. 그런 일의 결정권은 세계정부가 쥐고 있답니다.

세계정부란 썩 좋은 발상은 아니라고 생각할 수도 있습니다. 하나의 정부가 전 세계의 모든 일들을 일일이 결정한다는 것이 말처럼 쉬운 일이겠습니까? 하지만 그것은 세계 각국이 머리를 맞대고 앞으로 풀어 나가야 할 실천적인 문제일 뿐이라고 생각할 수도 있답니다.

또 다른 반대 의견에는 어떤 것이 있을까요? 민족마다 고유의 전통과 문화를 갖고 있다는 사실이 세계정부를 반대하는 이유가 될 수도 있겠죠. 여러분의 생각은 어떻습니까?

34

우주 속에서

세상은 언제 어떻게 생겼을까

기원전 600년경에 그리스 철학자들은 이 세상의 갖가지 수수께끼
에 도전하기 시작합니다. 신들이나 정령들에 의존한 설명에 더 이
상은 만족할 수 없었던 거죠. 이를테면 그들은 지구는 평평하고 하
늘은 아치 모양이라는 생각에 의문을 던졌습니다. 이 문제와 관련
해서는 '29. 학문이란 무엇인가?'의 천문학* 부분을 다시 한 번 읽
어 보세요.

■ 29. 학문이란 무엇인
가?의 천문학
154쪽 참고.

　모든 것에는 시작이 있다는 말은 논리적으로는 모순이 아닙니
다. 하지만 실제로도 반드시 그래야 할까요?

　시작이라고 할 것도 없이, 우주는 원래부터 항상 그렇게 존재해
왔다고 생각할 수는 없는 걸까요?

우주와 지구

사전에서는 '우주'를 "모든 천체와 모든 물질과 에너지 및 이를 둘러싸고 있는 무한한 공간의 총체"라고 풀이합니다.

위의 정의를 다시 한 번 읽어 본 다음, 다음 문장을 곰곰이 따져 보세요.

"지구는 무한한 우주에서 아주 작은 하나의 행성에 불과하다."

어떤 생각이 떠오르나요?

우주는 무한할까?

다음 예문은 공간의 무한성을 설명하기 위해 오래전부터 내려오던 생각 놀이를 약간 변형해 본 것입니다.

만약 우주가 유한하다면, 우주를 향해 무한대로 날아가는 화살을 쏘아 올려 보면 확인할 수 있을 것입니다. 화살이 멈추지 않고 끝없이 날아간다면, 우주의 경계가 없다는 뜻입니다. 하지만 화살이 무엇인가에 부딪혀 멈춘다면, 가상적인 공간의 경계선 뒤에 그 무엇인가가 존재함이 분명합니다. 일종의 우주 성곽이 화살을 가로막는 셈이죠. 어쨌든 우주는 한계가 없습니다. 다시 말해 무한대랍니다.

블랙홀

이른바 '블랙홀'* 속으로 빨려 들어갈 경우 물질은 어떻게 될까요?

블랙홀이 집어삼킨 모든 것들이 방출되어 또 다른 우주를 만들어 낸다고 가정해 봅시다. 상상 속의 또 다른 우주는 과연 어떤 모습일까요? 우리 우주의 물질이 고스란히 그대로 옮겨 갔으므로, 어쩌면 우리 우주와 똑같지 않을까요?

'우주'란 무엇을 의미하는가?

'모든 천체와 모든 에너지 및 물질의 총체'가 우주라면, 더 이상 그 어떤 것도 존재하지 않는 셈이 됩니다. 따라서 '또 다른 우주'를 거론한다면 앞에 제시한 정의와 일치하지 않습니다. 차라리 우주의 대부분을 우리는 아직 모르고 있다는 표현이 더 적절할 것 같습니다.

우주는 과연 무한할까요, 아니면 어딘가에 그 끝이 있는 걸까요? 끝이 있다면 그 뒤에는 무엇이 있을까요? 무의 상태, 즉 아무것도 없는 상태일까요? 그 뒤에 무언가가 존재한다면, 그것은 과연 무엇일 수 있을까요? 여러분은 아마도 우주가 계속 팽창한다는, 다시 말해 더 커진다는 말을 들어 본 적이 있을 것입니다. 하지만 무한한 그 무엇이 어떤 식으로 더 커질 수 있을지 상상해 보세요.

■ **블랙홀**
중력장이 너무나 커 그 경계를 지나면 어느 것도 빠져나올 수 없는 시공간이다. 스티븐 호킹은 얼마 전 블랙홀의 경계에서도 에너지가 발산된다고 밝힌 바 있다.

더 읽어 보기

간추린 서양철학 이야기

서양철학이 태어나다

기원전 6세기경 그리스와 그리스의 식민지였던 소아시아(지금의 터키) 연안에 살던 사람들은 자연의 운행 원리, 생명의 탄생 그리고 인간에 대해 깊이 생각하기 시작했다. 그리스 세계, 특히 소아시아의 식민 도시 밀레토스는 그 당시 교역과 문화의 중심지 중 하나였다. 상인들은 중국과 지금의 아랍 지역으로부터 금속화폐, 달력, 종이와 같은 발명품뿐만 아니라 수학, 지리, 자연과학 등의 다양한 지식을 그리스로 들여왔다.

그리스인들은 새로운 지식에 관해 토론하기를 좋아했다. 이는 생각과 의사표현의 자유가 없으면 불가능한 일이었다. 그리스는 민주주의가 처음 시작된 곳으로 간주된다. 기원전 580년경에 이미 아테네에서는 최초의 민주 헌법이 만들어져 시행되었기 때문이다. 탄탄한 지식을 토대로 그리스와 소아시아 사람들은 재앙이나 질병을 신의 의지로 보지 않고, 대신 자연현상으로 설명하려 했다.

그들 중 한 사람이 바로 철학자 밀레토스의 탈레스(Thales, 기원전 6세기경)＊였다. 그는 세상의 모든 현상들은 특정한 자연법칙에 따라 생겨난다고 보았다. 모든 것은 각각 그 자체의 논리적인 존재 이유를 갖고 있다는 것이다. 그 때문에 사람들은 탈레스와 그의 추종자들을 '자연철학자'라고 부른다.

■ 탈레스

■ 피타고라스

사모스의 피타고라스(Pythagoras, 기원전 6세기경)"는 수의 원리를 통해 자연법칙에 관한 물음들을 설명하려 했다. 피타고라스는 세계를 '코스모스(cosmos)'로 칭한 최초의 인물이었다. 그가 말한 코스모스란 모든 사물들이 결합하여 구성하는 통일된 질서를 의미한다. 그 반대인 '카오스(chaos)'는 혼동 혹은 무질서를 의미한다.

사실 고대 철학자들은 신들을 부정한 것이 아니라, 오히려 자연현상을 해명하면서 신들에 대한 믿음을 확인하려 했다고도 볼 수 있다.

고대 그리스신화에 등장하는 신들은 모두 인간의 모습을 하고, 인간처럼 감정을 느끼고 행동한다. 콜로폰의 크세노파네스(Xenophanes, 기원전 6~5세기경)는 이러한 생각을 비난하며, 신은 전체이자 하나로서 영원한 존재라고 주장했다. 소, 말, 사자와 같은 동물들이 자신들을 닮은 신을 상상하는 것처럼 인간도 그렇게 하고 있다는 것이었다. 그는 또한 홍수는 신이 분노하여 일어나는 것이 아니라 자연적인 원인에서 일어난다고 주장했다.

■ 헤라클레이토스

에페소스의 헤라클레이토스(Heraclitus, 기원전 6~5세기 무렵)"는 만물의 생성 과정을 흐르는 강물에 비유하여 설명했다. 강은 변하지 않지만 흐르는 물은 늘 바뀐다. 마찬가지로 사물들 또한 정반대로 변했다가 다시 원래의 모습으로 돌아오기를 반복한다. 밤에서 낮이 생겨나고, 다시 밤이 낮으로 바뀌는 현상도 같은 원리에서다.

철학자 엘레아의 파르메니데스(Parmenides, 기원전 5~6세기 무렵)는 헤라클레이토스와는 정반대의 입장을 취했다. 그와 그의 제자 제논(Zenon, 기원전 5세기 무렵)은 존재의 불변성을 옹호했다. 만물은 변하지 않고 영원하며, 우리가 일상에서 인식하는 끊임없는 변화들은 단지 눈속임에 불과하다는 것이다.

가상과 실제를 고민하다

"나는 내가 무지하다는 것을 안다."

대화 중 말문이 막힐 때 농담조로 흔히 하는 말이다. 하지만 고대 그리스의 유명한 철학자 소크라테스(Socrates, 기원전 470 ~399년)*가 이런 표현을 한 것은 결코 농담이 아니었다. 수많은 지식을 갖고도 실제로는 아는 게 전혀 없다고 인정하는 것은 그 자체로 이미 중요한 깨달음이라는 것이었다. 실제로 소크라테스는 "소크라테스보다 더 현명한 사람은 존재하지 않는다."는 델피의 신탁에 대한 대답으로 그렇게 말했다고 전해진다.

■ 소크라테스

소크라테스에게 있어서 철학은 일상생활의 일부였다. 틈만 나면 거리로 나가 시장 사람들과 어울려 대화를 즐겼다. 그는 대화 상대가 말문이 막힐 때까지 계속 질문을 던졌는데 그런 과정을 통해 사람들에게 깨우침을 주기 위해서였다. 소크라테스의 또 다른 가르침은 자신이 누구인지, 자신이 무엇을 원하는지를 진정으로 아는 사람만이 인생에서 올바른 길을 찾을 수 있다는 것이다.

■ 플라톤

플라톤(Platon, 기원전 428~347년)*도 스승 소크라테스 못지 않게 유명한 철학자였다. 플라톤은 방대한 저서를 남겼고, 또 387년에는 아카데메이아(교육과 연구를 위한 학교)를 설립하여 철학자들이 만나 토론할 수 있는 공간을 제공했다.

플라톤은 정치에도 관심이 많았다. 그가 주장한 이상 국가의 모습은 다음과 같다 : 아동기에는 누구나 일정 수준의 교양을 갖추도록 교육을 받아야 한다. 그중 재능이 특별한 아이들은 철학자로 양성된다. 철학자만이 국가를 제대로 통치할 수 있기 때문이다. 통치자는 자연과학, 음악, 문학, 수학 등의 지식을 갖춰야 한다. 군인은 오로지 국가의 방어에만 전념하고, 농부와 수공업자는 국가의 살림살이를 책임져야 한다.

플라톤의 생각에 따르면, 인생의 궁극적인 목표는 깨달음이다. 인간의 불굴의 정신은 세대를 거듭하면서 그러한 깨달음에 한 걸음 한 걸음 접근한다. 우주 만물의 실체에 대한 인식은 오직 철학을 통해서만 가능하며, 그런 깨달음에 도달하기 전까지는 단지 간접적으로만 현실을 볼 수 있을 뿐이라는 것이다.

그는 자신의 학설을 다음과 같은 비유(동굴의 비유)를 통해 설명했다 : 동굴 속에 사람들이 벽을 향해 앉아 있다. 등 뒤쪽에는 횃불이 타고 있으며, 불빛에 반사된 그림자가 벽면에 비친다. 사람들은 그 그림자들이 현실이라고 믿는다. 그림자 외에는 아무것도 볼 수 없기 때문이다. 그 동굴을 벗어나야 비로소 사람들은 세상의 진정한 모습을 볼 수 있다.

철학자 아리스토텔레스(Aristoteles, 기원전 384~322년)*는 그의 스승 플라톤보다도 더 유명해졌다. 그는 철학은 물론 정치학, 시학, 수사학, 자연과학 등 여러 분야의 학문과 관련된 저서들을 남겨, 모든 서양 학문의 시조로 간주된다. 그리고 아테네에 도서관과 자연사박물관을 갖춘 철학 학교(리케이온)를 설립하기도 했다.

■ 아리스토텔레스

이성과 마음의 평정이 중요하다

예수가 탄생하기 전에는 아테네와 알렉산드리아가 철학의 중심지였다. 이 시기는 헬레니즘 시대라고 불리는데, 그리스의 문화가 널리 퍼져 나갔기 때문이다. 점차 로마의 영향력도 커져 가고 있었다. 로마의 정치인들은 플라톤과 그의 이상 국가론 및 아리스토텔레스의 학설을 받들었다.

로마의 유명한 정치가 키케로(Cicero, 기원전 106~43년)는 그리스 철학자들의 저서 여러 권을 라틴어로 옮기기도 했다. 키케로의 연설은 당시 아주 인기가 높았으며, 그건 오늘날도 마찬가지다. 하지만 그는 정치적인 권력 다툼의 희생양이 되고 말았다.

당시 정적 관계였던 아우구스티누스와 옥타비아누스 중 나중에 황제가 되는 아우구스티누스의 편에 섰기 때문이다. 두 정적은 다시 화해했는데, 그것은 곧 키케로의 죽음을 의미했다. 큰 틀에서 보면, 키케로는 절충주의에 속했다. 이 유파의 철학자들은 당대의 철학적 흐름들을 검토한 후에, 자신들에게 가장 합당하다고 생각되는 것만을 취사선택하여 자신들의 것으로 만들었던 것이다.

세네카(Seneca, 기원전 4년~기원후 65년)*는 로마의 정치가이자 철학자로서, 이른바 스토아학파에 속해 있었다. 스토아학파는 용기와 의무감을 덕목으로 내세우고, 절대적인 내적 평정(그리스어로 스토아stoa), 이성, 정의, 이웃 사랑 등을 추구했다. 스토아 철학자들은 물리학, 논리학, 윤리학을 탐구했다. 그리고 자연은 그 자체로 "영원불변하는 법칙"이며, 따라서 "종교적인 의미"에서의 신은 존재하지 않는다고 생각했다. 뿐만 아니라 노예들을 후원하고 그들의 권리를 찾아 주려고 노력했다. 스토아 철학은 예수 그리스도의 사상과 여러 면에서 비슷하긴 하지만, 두 사상은 엄연히 구별된다.

로마 황제 마르쿠스 아우렐리우스(Marcus Aurelius, 121~180년)*도 스토아 철학자였다. 하지만 그는 기독교를 적대하고 기독교도를 박해했다. 그는 제국의 붕괴를 막기 위해 수많은 전쟁에 참가했지만, 감성이 풍부하고 의무감에 충실한 통치자였다. 엄격한 절제와 금욕적인 생활을 중시했다.

헬레니즘 시대에 중요한 다른 철학 유파로 회의주의학파와 에피쿠로스학파를 꼽을 수 있다. 옛날이나 지금이나 회의주의자란 언제나 의심만 하며 모든 것에 의문을 제기하는 사람으로 오해된다. 하지만 회의주의의 진정한 의도는 남을 헐뜯고 비난하는 것이 아니라 상황을 개선하는 것이었다.

스토아 철학의 경우처럼 회의주의 철학도 조화와 마음의 평정을 목표로 삼는다. 옳고 그름을 판단하기 어려운 상황들과 자주 부딪칠수록 그만큼 절제와 마음의 평정을 더 얻기 쉽다는 게 회의주의 철학자들의 공통된 생각이었다.

그리스 철학자 에피쿠로스(Epicurus, 기원전 341~271년)"의 이름에서 유래한 에피쿠로스 철학은 쾌락과 이성적인 활동을 통한 개인의 행복을 추구했다. 하지만 이들에게도 행복의 토대는 스토아 철학이나 회의주의 철학과 마찬가지로 조화와 마음의 평정이었다.

■ 에피쿠로스

신앙과 지식이 하나이던 시대

서기 371년에 기독교는 로마의 국교로 공인되었다. 그리고 그 후 약 천 년 동안 이어진 유럽 중세 시대에 모든 영역에 걸쳐 인간의 삶을 지배했다. 초대 기독교의 교부"들은 고대 그리스 철학을 기독교 교리와 연결하려고 노력했다. 그 때문에 당시의 학문적 흐름을 뭉뚱그려 흔히 교부철학이라 부른다.

■ 교부
위대한 주교나 학자들을 일컫는 말. 교부를 뜻하는 라틴어 파트레스patres는 원래 아버지들이란 뜻이다.

기독교에는 전지전능한 하나의 신이 존재한다. 그리고 신도들은 아담이 낙원으로부터 추방된 후 인간은 원죄를 안고 살아가야 하며, 속죄를 하며 살아야 원죄의 굴레를 벗어나 구원받을 수 있다고 믿는다.

교부 아우구스티누스(Augustinus, 354~430년)도 이러한 구원관을 옹호했다. 『신앙고백(Confessiones)』에서 그는 자신의 삶의 여정은 자아 인식과 신의 존재와 본질에 대한 깨달음을 향한 끊임없는 진리 추구라고 밝히고 있다.

고대와는 달리 중세의 철학자들은 더 이상 거리로 나서지 않았다. 철학이 '신학의 시녀'가 되고 만 것이다. 철학적인 사유는 주로 카롤루스대제(Karl der Grosse, 747~814년)ᵃ가 최초로 설립한 수도원학교나 궁정 학교에서 이루어졌다.

카롤루스대제는 교육을 중시했기 때문에 자신의 궁정이 있던 아헨으로 전 세계의 학자들을 불러들였다. 당대의 철학이 스콜라ᵇ를 구심점으로 삼았던 까닭에, 그 시기의 학문적인 흐름은 스콜라철학이라고 불린다.

"알기 위해서 신을 믿는다."라는 말로 유명한 캔터베리의 안셀무스(Anselmus, 1033~1109년)는 스콜라철학의 아버지로 통한다. 그는 성서나 교부가 아니라 이성을 통해 신의 존재를 증명하려고 시도했다.

스콜라철학은 십자군 원정 시기(1096~1270년) 동안에 전성기를 누렸다. 당시를 대표하는 위대한 사상가로는 독일 출신

■ **카롤루스대제**
서부·중부 유럽을 차지했던 프랑크 왕국의 왕. 독일어로는 카를, 프랑스어로는 샤를마뉴라 부른다.

■ **스콜라**
schola, '여유'라는 의미의 라틴어로서, 중세시대의 교회나 수도원에 부속되었던 학교를 가리키는 말.

의 알베르투스 마그누스(Albertus Magnus, 1193~1280년?)와 이탈리아 출신인 그의 제자 토마스 아퀴나스(Thomas Aquinas, 1225~1274년?)가 손꼽힌다.

■ 토마스 아퀴나스

특히 토마스 아퀴나스는 아리스토텔레스의 사상을 토대로 자신의 신학 이론을 전개해 나갔다 : 만물은 신적인 것의 일부이며, 따라서 신과 닮았다. 하지만 오직 신적인 것만이 지고의 완전성을 갖추고 있다. 만물에는 최초의 원인이 있기 마련이므로, 신은 존재할 수밖에 없다.

신학자 마이스터 에크하르트(Meister Eckhart, 1260~1328년?)는 자신의 내면세계로 눈을 돌렸다. 그는 신에 관한 모든 생각으로부터 자유로워져야 한다고 설파했다. 인간의 영혼은 신비로운 체험을 통해서야 비로소 신과 하나가 될 수 있다는 것이었다. 그 때문에 그와 그의 추종자들은 신비주의자라고 불린다. 그러한 신비주의적 사상으로 인해 에크하르트는 교회로부터 이교도로 내몰려 유죄선고까지 받았다.

중세시대가 저물어 갈 무렵, 철학자들은 교회가 규정한 신앙과 지식을 하나로 보는 생각에 끊임없이 의문을 제기하기 시작했다. 한 예로 신학자이자 철학자 로저 베이컨(Roger Bacon, 1214~1292년?)은 철학에 경험적 방법을 도입하여 철학을 신학으로부터 분리하고자 했다.

■ 로저 베이컨

새로운 세계관이 등장하다

그 후 수세기 동안 무수한 발견과 발명이 이어졌다. 이를 통해 사람들은 생각을 바꾸어 새로운 세계관을 받아들이게 되었다. 크리스토퍼 콜럼버스(Christopher Columbus, 1451~1506년)는 1492년에 '신세계' 즉 아메리카 대륙을 발견했으며, 미카엘 세르베투스(Michael Servetus, 1511~1553년)는 1540년에 혈액이 몸속을 순환한다는 사실을 알아냈다. 요하네스 구텐베르크 (Johannes Gutenberg, 1397~1468년)는 15세기 중엽에 인쇄술을 개발했다. 마르틴 베하임(Martin Behaim, 1459~1579년)은 1492년에 최초의 지구의를, 그리고 페터 헨라인(Peter Henlein, 1479/1480~1542년)은 1510년에 회중시계를 제작했다.

14세기 중엽부터 '세속화'라 불리는 교회와 국가의 분리가 급속히 진행되었다. 이제 교회는 더 이상 인간의 일상생활은 물론 교육과 학문에 큰 영향력을 행사할 수 없게 되었다. 고대 그리스·로마의 사상들이 부활하면서 문학, 예술, 자연과학, 그리고 철학을 주도했다. 고대와 마찬가지로 다시 인간이 사상과 학문의 중심 대상으로 떠올랐다. 인간이 '자연의 거울'로 되살아난 것이다. 그 때문에 이 시기는 '휴머니즘(혹은 인문주의)시대'라 불린다.

인문주의자들의 생각에 의하면, 인간이 독립적이고 도덕적인 인격체로 거듭나기 위해서는 문법, 수사학, 역사 그리고 철학을 배우고 실천하는 것이 필수적이었다.

당대의 철학은 고대 그리스·로마를 전범으로 삼았기 때문에 매우 실천적이었지만, 또 다른 한편으로는 문학적인 성향도 강했다. 휴머니즘의 창시자로 불리는 이탈리아의 위대한 고전작가 프란체스코 페트라르카(Francesco Petrarca, 1304~1374년)*와 조반니 보카치오(Giovanni Boccaccio, 1313~1375년)는 작품에서 기독교 사상에 고전적 이상을 접목하려고 했다. 페트라르카는 인간은 자유의지를 갖고 있으므로 스스로 선과 악을 분별해야 하며, 그러기 위해서는 수사학의 도움으로 인간의 선한 의지를 북돋아야 한다고 역설했다.

■ 프란체스코 페트라르카

네덜란드의 신학자이자 철학자 로테르담의 에라스무스(Erasmus, 1466~1536년)*도 자신의 삶을 스스로 개척해 나가는 인간의 자유의지를 높이 평가했다. 한마디로 인간은 신의 은총이 없어도 행복해질 수 있다는 것이다. 에라스무스는 그 문제를 두고 독일의 신학자 마르틴 루터(Martin Luther, 1483~1546년)*와 격렬한 신학 논쟁을 벌였다. 비록 가톨릭교회를 신랄하게 비판하긴 했지만, 루터는 신의 은총을 떠난 인간의 삶은 아예 염두에조차 두지 않았다.

■ 에라스무스

루터는 프로테스탄티즘(개신교)의 창시자로 간주된다. 철학을 철저히 거부했음에도 불구하고 그의 사상은 근대 철학자들에게 많은 영향을 끼쳤다.

■ 마르틴 루터

세계와 인간에 관한 갖가지 새로운 지식들은 교회를 궁지로 내몰았다. 오랫동안 사람들은 지구가 우주의 중심이라고 믿어

왔다. 그런데 천문학자 니콜라우스 코페르니쿠스(Nicolaus Copernicus, 1473~1543년)가 오히려 지구가 태양 주위를 돈다고 주장하고 나선 것이다. 이 새로운 세계관은 "코페르니쿠스적 전환"이라고도 불린다.

독일의 천문학자·수학자이자 신학자 요하네스 케플러(Johannes Kepler, 1571~1630년)는 코페르니쿠스의 지동설을 수정·발전시켜 태양 주위를 도는 행성들의 운동 원리(케플러의 법칙)를 공식화했다.

■ 갈릴레오 갈릴레이

이탈리아의 수학자이자 철학자 갈릴레오 갈릴레이(Galileo Galilei, 1564~1642년)[*]는 자유낙하운동의 법칙을 발견한 공로로 '근대 물리학의 아버지' 또는 '근대 과학의 아버지'로 불린다. 그는 또 은하수와 목성 주위를 도는 4개의 큰 행성을 발견했으며, 코페르니쿠스의 지동설을 지지했다. 하지만 그 때문에 교황청을 비롯한 종교계에 의해 이단으로 내몰려 종교재판을 받게 되었다. 갈릴레오는 사형을 면하기 위해 자신의 학설을 공식적으로 부인하고, 교황의 명령에 따라 여생의 대부분을 가택 연금되어 지냈다.

■ 조르다노 브루노

하지만 그와 동시대인이었던 조르다노 브루노(Giordano Bruno, 1548~1600년)[*]는 교회의 압력에 맞서 새로운 지식을 끝까지 주장하다가 장작더미 위에서 불타 죽었다. 신은 "자연의 무한성"으로 이해되어야 한다고 그는 주장했다.

다시 말해 신은 단번에 세계를 창조한 일회적인 존재가 아니라, 자연의 아주 작은 일부분에 이르기까지 늘 어디에서나 존재한다는 것이었다.

그런 학문적 분위기 속에서 인간과 인간의 몸으로 학자들의 관심이 기울어진 것은 너무나도 당연했다. 인체의 구조가 상세히 연구되었고, 그 과정에서 최초의 인체 해부가 이루어졌다. 그리고 이는 교회에게 엄청난 저항을 불러일으켰다.

기독교 신앙의 교리는 그 뿌리째 흔들리기 시작했다. 사람들이 점점 세속적인 사건들의 실제 원인에 관심을 기울이면서, 그것을 포착하려고 노력했기 때문이다.

영국의 철학자이자 정치가 프랜시스 베이컨(Francis Bacon, 1561~1626년)*은 "지식은 힘이다."라고 역설하며, 동시대인들의 마음을 사로잡았다. 베이컨은 근대 자연과학의 개척자 중 한 사람으로 간주된다. 그는 특히 일반 대중에게 다양한 학문들을 가르치고 전달해 주어야 한다고 주장했다.

■ 프랜시스 베이컨

새로운 철학 사상과 철학 이론은 정치에도 영향을 미쳤다. 영국의 인문주의자 토머스 모어(Thomas More, 1478~1535년)는 질투도 허영심도 전혀 없는 플라톤의 이상 국가와 유사한 '유토피아'를 꿈꾸었으며, 이탈리아의 역사학자이자 정치가 니콜로 마키아벨리(Niccoló Machiavelli, 1469~1527년)는 합리적으로 조직된 국가의 필요성을 역설했다. 그는 군주란 필요할 경우에는 무력을 사용해서라도 자신의 의지를 관철할 수 있어야 한다고 보았다.("목적이 수단을 정당화한다!")

네덜란드의 철학자 휘호 드 흐로트(Hugo de Groot, 1583~1645년)는 자신의 시대를 아주 새로운 관점에서 조명했다. 모든 민족이 더불어 사는 하나의 공동체를 꿈꾸었기 때문에 오늘날 그는 "국제법의 아버지" 또는 "자연법의 아버지"로 불린다.

인간과 자유의지를 생각하다

근대철학은 30년 전쟁*의 소용돌이 속에서 싹텄으며, 그 선구자 중 한 사람이 바로 르네 데카르트(René Descartes, 1596~1650년)*였다. '근대 철학의 아버지'로 불리기도 하는 프랑스의 철학자이자 수학자이다.

그는 "나는 생각한다, 그러므로 나는 존재한다!(Cogito ergo sum!)"라는 유명한 명제를 통해 인식을 향한 출발점 자체에 의문을 던졌다. 존재에 대한 확신과 명징한 인식에 도달하기 위해서는, 그때까지 통용되던 모든 생각과 사상, 아니 수학마저도 의심하고 다시 따져 물어야 한다는 것이었다. 물론 그러한 의심은 의심하는 주체에게는 스스로 존재한다는 인식을 가져다준다.

그는 또한 육체와 정신은 그 의미가 다를 뿐만 아니라 서로 다른 종류의 실체를 가리킨다는 '심신이원론(dualism)'을 주장했다. 육체는 일종의 기계다. 우리의 정신은 지각을 통해 육체에 무엇이 좋고 나쁜지에 관한 정보를 얻는다. 그렇다면 육체도 자유로운 선택권을 갖는다는 말이 아닌가?

네덜란드의 철학자 스피노자(Baruch de Spinoza, 1632~1677
년)￭는 인간은 누구나 자기 보존 본능에 의한 격정에 좌우된
다고 보았다. 자기 보존을 향한 노력은 미덕의 추구, 무엇보다
도 가장 지고한 미덕인 신을 향한 정신적인 사랑의 토대라는
것이다. 여기서 말하는 미덕이란 이성에 따라 행동하고 잘못
된 격정을 억누름을 의미한다. 이 미덕에 따를 때 인간은 비로
소 내적 자유를 얻을 수 있다고 그는 보았다.

￭ 스피노자

스피노자는 원래 유대인으로서, 탈무드의 가르침을 비판했
다는 이유로 유대 공동체로부터 파문당하기도 했다. 그는 신
을 유일하고, 절대적이며, 무한한 실체로 정의하고, 모든 유한
한 사물과 이념 속에 이 실체가 투영되어 있다고 생각했다.

독일의 철학자 라이프니츠(Gottfried Wilhelm Leibniz, 1646~
1716년)￭는 무수한 신적 개체들, 이른바 '단자(Monade)'￭들이
조화롭게 모여 완전한 세계를 구성한다고 생각했다. 인간은
누구나 자유롭고 자신만의 고유한 의지를 지니고 태어났다는
점을 들어 그는 이 세상의 온갖 죄악을 설명했다. 그런 존재로
태어났다면 잘못을 저지르는 것도 어쩌면 당연하지 않겠는가
하는 것이었다.

￭ 라이프니츠

￭ 단자
단자monade란 라이프니츠가 처음 사
용한 용어로, 그 뿌리가 되는 그리스어
모나스monas는 더 이상 쪼개지지 않는
존재의 최소 단위를 의미한다.

영국의 철학자 토머스 홉스(Tomas Hobbes, 1588~1679년)￭
는 유럽의 정치적 격변, 즉 영국에서 일어난 청교도와 왕당파
사이의 전쟁 및 30년 전쟁을 겪으면서 철학과 정치의 결합을
통한 정치적 발전을 모색했다.

￭ 토머스 홉스

라이프니츠와는 달리 그는 인간을 긍정적으로 보지 않고, 이성보다는 오히려 본능에 따라 행동하는 존재로 파악했다. 인간은 무엇보다도 무한한 권력을 좇는다는 것이었다. 따라서 소수의 지배자에게 권력을 위임해야만 끊임없는 전쟁을 멈추게 할 수 있을 것이라는 게 그의 생각이었다. 자신이 속한 인간이라는 종에 대한 냉정한 판단은 "인간은 인간에게 늑대다."라는 그의 말에서도 극명하게 드러난다.

행복을 추구하다

'계몽주의 시대'라고도 불리는 18세기에 접어들면서 모든 형태의 권위와 외적 지배에 대한 사람들의 저항이 더욱 거세진다. 정치와 철학에서는 개인의 행복과 자아실현이 강조되었다. 그리고 그 선두에 독일의 철학자 임마누엘 칸트(Immanuel Kant, 1724~1804년)가 버티고 있었다. 칸트는 동시대인들에게 용기를 내어 자신의 오성을 사용하라고 촉구했다. 그러면서 그는 자신이 어디에 서 있는지, 어디로 가려고 하는지를 알려면 반드시 답해야 할 몇 가지 중요한 질문을 던졌다.

■ 임마누엘 칸트

나는 과연 무엇을 알 수 있는가? 나는 무엇을 해야 하는가? 나는 무엇을 바랄 수 있는가? 세상을 이해하기 위해서는 먼저 감각과 시·공간에 대한 인식의 도움으로 주위 대상들을 받아들이고, 다시 오성을 사용하여 그것들을 몇 가지 범주로 구분해야 한다. 이때 논리적인 연결과 판단력이 기본적인 전제 조

건으로, 이를 통해 장차 보편타당한 진술로 나아갈 수 있는 것
이다. 칸트는 이런 과정을 거쳐 비로소 자연의 법칙이 구성된
다고 보았다.

칸트는 특히 영국의 철학자 데이비드 흄(David Hume, 1711
~1776년)으로부터 큰 영향을 받았다. 흄의 견해에 다르면, 모
든 표상은 우리의 의식 속에 인상으로 각인되는 감각적인 지
각이다. 그리고 정신적인 사고, 즉 관념은 이러한 표상들의 모
사일 뿐이다.

■ 존 로크

영국 철학자 존 로크(John Locke, 1632~1704년)＊는 미국독
립선언(1766년)의 사상적 토대를 제공했다. 그는 정치적 자결
권, 언론과 출판의 자유, 천부적 인권, 종교의 자유, 그리고 국
회, 정부, 사법부의 삼권분립을 촉구했다.

당대 프랑스의 위대한 철학자 프랑수아 볼테르(François
Voltaire, 1694~1778년)도 인권의 탄압과 절대적인 통치 체제를
비판했다. 그는 특히 사회정의를 옹호하며 교회의 광적 신앙
에 맞섰기 때문에 끊임없는 박해에 시달려야 했다.

프랑스의 수학자 오귀스트 콩트(Auguste Comte, 1798~1857
년)는 개인의 사회생활을 깊이 연구한 후 사회학이라는 새로
운 학문을 탄생시켰다.
글을 읽을 수 있는 사람들의 숫자가 급격히 늘어나면서 새

로운 철학 사상들도 이전보다는 훨씬 빠른 속도로 전파되었다. 그리고 오래지 않아 철학은 더 이상 선택된 특정 계급의 전유물이 아니게 되었다.

인간과 현실로 눈을 돌리다

19세기 초, 증기기관과 철도와 같은 획기적인 발명들로 생산력이 크게 향상되면서 인간의 생활에도 엄청난 변화가 일어났다. 많은 사람들이 실업자가 되거나, 아니면 입에 풀칠이라도 하기 위해 힘든 노동에 시달렸다. 기계들이 그들의 노동력을 대신했기 때문이다. 노동자들은 조합을 결성하고 평등한 선거권을 주장하고 나섰다. 비단 생활 현장에서 뿐만 아니라 철학에서도 인간이 다시 중심 주제가 된 것이다.

■ 피히테

독일의 철학자 피히테(Johann Gottlieb Fichte, 1762~1814년)"는 칸트의 철학을 계승하여 발전시켰다. 그는 세상의 모든 일은 인간의 사고, 즉 이성에 의해 좌우된다고 보았다. 그의 철학 체계의 구심점은 자아였다. 그는 "너 자신을 생각하라!"고 호소했다. 오직 그것만이 개인의 행동에 자유를 보증한다는 것이다.

역시 독일 철학자였던 셸링(Friedrich Wilhelm Joseph von Schelling, 1775~1854년)"은 피히테의 자아 개념이 너무 강하

다고 생각했다. 대신 그는 자연과 자유를 하나로 묶어 줄 수
있는 예술에 기대를 걸었다. 셸링에게 있어서 자연과 정신은
동일한 것이었다.

■ 셸링

셸링의 친구 헤겔(Georg Wilhelm Friedrich Hegel, 1770~1831
년)*은 종교와 철학의 화해를 모색했다. 그에게 있어서 현실
혹은 역사를 이끄는 주체는 절대정신(신, 종교)이었다. 자연적
인 의식에서부터 철학적인 학문에 이르기까지 인간의 정신적
발전의 원동력은 새로운 지식과 기존의 지식 간의 끊임없는
모순과 갈등이라고 보았다.

■ 헤겔

칼 마르크스(Karl Marx, 1818~1883년)*는 헤겔의 철학을 신
랄하게 비판했다. 그는 현실에 영향을 주는 것은 이념이 아니
라 물질이라고 보았다. 뿐만 아니라 그는 노동자를 희생양으
로 삼는다는 이유로 산업화를 강하게 반대했다. 기계가 인간
의 노동력을 대체함으로써 인간은 노동으로부터 소외되고, 탐
욕스러운 자본가는 노동자를 착취하고 자유마저 빼앗는다는
논리였다. 그는 종교도 부정했다. 그에게 있어서 종교란 "이성
을 마비시키는 아편"에 불과했던 것이다.

■ 칼 마르크스

칼 마르크스는 1847년에 공산주의자가 되었으며, 프리드리
히 엥겔스(Friedrich Engels, 1820~1895년)와 더불어 『공산당 선
언』(1848년)을 집필했다. 그의 정치경제학 비판으로부터 사회
주의 학문이 태동했으며, 그의 후기 작품인 『자본론』은 오늘
날까지도 노동운동의 성서로 간주되고 있다.

독일 철학자 쇼펜하우어(Arthur Schopenhauer, 1788~1860년)의 눈에는 이 세계가 아주 부정적인 모습이었다. 인간은 평생 동안 고통과 권태 사이를 오간다. 이처럼 무기력한 상태는 인간을 끝없는 쾌락 추구로 몰아간다. 쇼펜하우어는 이와 같은 맹목적인 욕망을 인간의 의지라고 하면서, 자신의 의지를 부정하고 무의 상태, 즉 '니르바나(열반)'에 도달함으로써만이 비로소 욕망의 사슬에서 벗어날 수 있다고 보았다.

■ 니체

쇼펜하우어 철학을 깊이 공부한 니체(Friedrich Nietzsche, 1844~1900년)"는 그의 부정적인 세계관을 오히려 삶에 대한 긍정으로 전환했다. 니체는 기독교를 포함한 기존의 모든 가치들을 부정했다. ("신은 죽었다."로 대변된다.) 그러한 가치들은 뒤집어지거나 제거되어야 할 편견에 불과하다는 것이다. 대신 인간은 현세를 긍정하고, 이상적인 인간상(초인)이나 힘에의 의지(지배도덕)를 추구해야 한다고 그는 역설했다. 이러한 사상은 그의 명저 『차라투스트라는 이렇게 말했다』(1883~1885년)에 고스란히 담겨 있다.

실존을 규정하는 것은 무엇인가?

■ 프로이트

오스트리아의 신경과 의사 프로이트(Sigmund Freud, 1856~1939년)"는 역사상 처음으로 인간을 "의도하지 않은" 행동으로 몰고 갈 수도 있는 무의식, 욕망, 공포 등을 연구하기 시작

했다. 인간은 항상 자유의지로만 행동하는 것이 아니라 때로
는 무의식의 노예로 전락하기도 한다는 게 그의 생각이었다.
그는 또 자기 자신의 정체성에 대한 인식, 다시 말해 사회와
세상에서의 개인의 역할에도 관심을 가졌다.

덴마크의 철학자 키르케고르(Søren Kierkegaard, 1813~1855
년)*는 실존주의 철학의 아버지로 불린다. 그는 특히 각 개인
이 처한 구체적인 생존 상황에 주목했다. 인간은 매 순간 판단
을 내려야 하며, 이때 올바른 방향으로 이끌어 주는 안내자는
바로 기독교 신앙이라고 그는 생각했다.

■ 키르케고르

독일의 철학자 하이데거(Martin Heidegger, 1889~1976년)는
전통적인 주제인 존재와 시간에 관해 깊이 연구했다. 그는 특
히 인간의 존재와 인간의 본질이 갖는 의미를 따져 물었다. 그
리고 그 과정에서 철학적인 전통에 의문을 제기하며, 철학을
완전히 새로운 시각에서 조명했다.

하이데거에게 있어서 인간은 그저 단순히 살아가는 것이 아
니라 "실존한다." 그는 자신의 주변 세계와 자기 스스로를 탐
색했으며, 세계를 과거와 미래와의 연관 속에서 바라보았다.
하지만 그는 오늘날까지도 논란의 대상이 되고 있는 인물이
다. 1933년에 나치에 입당했던 것이다. 물론 1년 후에 다시 탈
당하긴 하지만, 나치에 대해 반대 의사를 밝힌 적은 없었다.
그 때문에 그는 1945~1951년에는 대학에서 강의를 할 수 없
었다.

■ 사르트르

프랑스의 유명한 작가이자 철학자 사르트르(Jean Paul Sartre, 1905~1980년)"는 인간의 실존을 존재와 무 사이를 끊임없이 오가는 팽팽한 줄다리기에 비유했다. 인간은 어쩔 수 없이 결단을 해야 하는데, 자신의 바람과는 일치하지 않는 경우가 대부분이다. 따라서 인간의 자유의지가 오히려 짐이 될 수도 있다.

개인의 행동은 어떤 식으로든 항상 사회에 영향을 주기 마련이기 때문에, 사회적인 책임을 피해서는 안 된다고 사르트르는 역설했다. 실제로 그는 평화운동과 마르크스주의 확산에 깊이 관여했다.

■ 보부아르

당대 프랑스를 대표하는 여류작가이자 사르트르의 평생 반려자였던 보부아르(Simone de Beauvoir, 1908~1986년)" 역시 적극적으로 현실 정치에 참여했다. 특히 여성의 해방과 권익을 위해 싸웠기 때문에 여권운동을 상징하는 인물이 되었다.

그녀보다 앞선 여성 투사로는 영국의 팽크허스트(Emmeline Pankhust, 1858~1928년)와 미국의 스탠턴(Elizabeth Cady Stanton, 1815~1902년)을 꼽을 수 있는데, 두 사람 모두 투옥의 위험까지 감수하면서 여성의 참정권을 위해 싸웠다. 독일에서는 1918년에, 그리고 프랑스에서는 1944년에야 비로소 여성에게 선거권이 주어졌다.

자연과학의 시대

19세기와 특히 20세기에 자연과학이 중시되면서, 가히 혁명적이라 할 수 있는 새로운 인식들이 이전의 세계상을 완전히 뒤흔들어 놓았다. 자연과학의 발전은 다른 여러 학문에도 그 여파를 미쳤다. 이제 철학에서도 자연과학이 기준이자 중심 주제로 자리 잡는다. 이 시기의 철학자들은 대부분 자연과학자들이었다.

영국의 철학자이자 사회학자 허버트 스펜서(Herbert Spencer, 1820~1903년)는 아담은 최초의 인간이 아니었고 이브는 아담의 갈비뼈에서 태어나지 않았다는 인식의 단초들을 제공했다. 그는 보편적인 발전 법칙을 토대로 만물의 생성 원리를 설명하려고 했으며, 인간은 진화 과정을 거치면서 무정부적인 삶에 점점 더 가까워져 왔다는 점을 증명하려고 했다.

영국의 생물학자 찰스 다윈(Charles Darwin, 1809~1882년)[■]은 진화론을 발표하면서 처음으로 인간의 기원을 둘러싼 격렬한 논쟁을 불러왔다. 그의 진화론은 세계 및 인간의 탄생에 관한 기존의 기독교적인 학설과 정면으로 대치했다. 말하자면 그것은 하나의 폭탄선언이었다. 자신의 조상이 원숭이와 거의 다르지 않는 유인원이라는데 놀라지 않을 사람이 어디 있겠는가!

■ 찰스 다윈

오스트리아의 동물학자 콘라트 로렌츠(Konrad Lorenz, 1903
~1989년)는 오랫동안 새끼거위들과 생활하며 그 보모 역할까
지 맡아 온 까닭에 '거위 아빠'라고도 불렸다. 현장 실험을 통
해 그는 동물들의 본능적인 행동뿐만 아니라 인간의 행동을
이해할 수 있는 중요한 단서들을 찾았다.

그는 "타고난 행동"과 "학습된 행동"을 구분함으로써, 동물
과 인간에게 특정한 행동 양식을 하게 하는 결정적 동인을 밝
히려고 했다. 로렌츠의 연구들은 심리학과 정신병학의 발전에
크게 기여했다. 인간은 철저히 자유의지에 따라 행동한다고
그는 주장했다.

■ 알베르트 아인슈타인

독일의 이론물리학자 알베르트 아인슈타인(Albert Einstein,
1879~1955년)[*]의 상대성이론은 공간과 시간에 대한 기존의
인식을 완전히 뒤집었다. 그는 상호관계 속에서 이루어지는
시간, 공간, 속도의 물리적인 크기를 연구했으며. 그 과정에서
빛의 속도가 일정할 경우 시간과 공간은 (관측자의 위치에 따라)
변한다는, 다시 말해 상대적이라는 사실을 밝혀냈다. 1933년
에 미국으로 망명길을 떠나야 했던 이 유대인 물리학자는 인
류에게 새로운 우주관을 선물로 남겼다.

비록 그의 연구 결과가 원자 연구로 향한 길을 터 주긴 했지
만, 아인슈타인은 적극적인 평화주의자로, 1945년 이후부터는
핵무기 개발에 반대하는 목소리를 높였다.

철학과 언어를 탐구하다

20세기의 위대한 사상가들이 자연철학에만 몰두한 것은 아니었다. 또 다른 중요한 주제는 인간 사회와 언어였다.

많은 지식인들은 소비사회, 관료주의, 기술의 비약적인 발전 등이 인간을 주변 세계로부터 소외시키고 피상적인 관계를 강요한다고 생각하기에 이르렀다.

독일의 사회철학자 아도르노(Theodor Wiesengrund Adorno, 1903~1969년)*는 실제로 인간은 전혀 발전하지 않았다고 주장했다. 특히 나치 정권인 제3제국(1933~1945년)과 파시즘이 자행한 폭력은 이성의 지배가 인간을 원시 상태로 되돌려 놓았다는 사실을 분명하게 보여 주었다. 유대인이었던 까닭에 그는 1934년 망명길에 올랐다가 1949년에야 조국 독일로 되돌아갈 수 있었다.

■ 아도르노

막스 호르크하이머(Max Horkheimer, 1895~1973년)와 공동으로 설립한 '프랑크푸르트학파' 역시 그와 비슷하게 스위스와 미국으로 옮겨 다녀야 했다. 마르크스주의와 프로이트 학설을 깊이 연구하며 비판적인 사회 이론들을 쏟아 낸 이 학파의 또 다른 학자로 철학자 허버트 마르쿠제(Herbert Marcuse, 1898~1979년), 문화이론가 발터 벤야민(Walter Benjamin, 1892~1940년), 심리학자 에리히 프롬(Erich Fromm, 1900~1980년)* 등 쟁쟁한 인물들이 있다.

■ 에리히 프롬

아도르노의 연구조수를 지낸 독일의 철학자이자 사회학자

위르겐 하버마스(Juergen Habermas, 1929년~)는 제2세대 프랑크푸르트학파의 대표주자로 간주된다. 그는 교육제도에 관심이 많았으며, 교육개혁에 대한 연구를 통해 1960년대 독일 학생운동의 정신적 지주가 되었다.

하버마스에 따르면, 학문들은 분리된 상태에서 벗어나 서로 관련을 맺으면서, 그 결집된 힘을 바탕으로 사회에 대한 책임과 의무를 다해야 한다. 모든 인식은 특정한 이해관계에 좌우된다고 보았는데, 이는 민주주의적인 상황에서는 공개될 수밖에 없다는 것이었다. 비판과 상호 이해를 목적으로 한 담론에서는 인간의 언어 능력이 매우 중요하다. 대화란 이상적인 이해를 위해 특정한 규칙들이 작동하는 하나의 행위, 다시 말해 '언어 행위'라는 게 그의 생각이었다.

■ 비트겐슈타인

오스트리아의 철학자 비트겐슈타인(Ludwig Wittgenstein, 1889~1951년)"도 언어를 중시했다. 그는 철학을 언어 비판으로 보았다. 언어 분석은 곧 세계와의 관련성을 의미한다. 단어들과 문장들은 분명한 의미를 제시해야 한다. 그는 학문 언어로 이용될 수 있는 하나의 공식 언어를 만들어야 한다고까지 주장했다.

세계는 사실들로, 사실들은 다시 사태들로, 그리고 사태들은 다시 대상들로 이루어져 있으며, 대상들은 명칭이나 단순한 기호로서 언어 속으로 들어오며, 사태들은 현실을 모사하는 간단한 문장들로 표현된다는 것이다. 복잡한 진술은 그것을 구성하는 최소 단위들로 쪼개어 볼 때 그 내용의 진실성을 검증할 수 있다는 게 그의 생각이었다.

　나중에 그는 그 사용법을 알아야 비로소 한 낱말의 진정한 의미를 포착할 수 있다는 생각으로 방향을 바꾼다. 낱말과 문장의 다양한 용례들을 그는 '언어유희'라 불렀다.

　서양철학이 여기서 끝난 것은 물론 아니다. 철학자들은 변화하는 시대와 사회, 사람들의 삶에서 제기되는 새로운 질문들을 가지고 늘 씨름하고 있다. ◪

그림 **강전희**

부산대학교에서 디자인을 공부했습니다. 애정 가진 곳이 아주 많아 여러 가지를 살펴보고 그림으로 그리느라 바쁜 그림 작가입니다. 지은 책으로는 『한이네 동네 이야기』 『한이네 시장 이야기』가 있으며 『춘악이』 『종의 기원』 『마주 보는 세계사 교실』 『탐구한다는 것』 등에 그림을 그렸습니다.

생각연습
생각의 근육을 키워 주는 질문 34

2011년 11월 25일 제1판 1쇄 발행
2017년 11월 10일 제1판 4쇄 발행

지은이　　　리자 하글룬트
옮긴이　　　서순승
그린이　　　강전희
펴낸이　　　김상미, 이재민

편집　　　　김세희
디자인기획　민진기디자인

종이　　　　페이퍼릿
인쇄　　　　청아문화사
제본　　　　동호제책

펴낸곳　　　너머학교
주소　　　　서울시 종로구 누하동 17번지 2층
전화　　　　02)336-5131, 335-3366, 팩스 02)335-5848
등록번호　　제313-2009-234호

ISBN 978-89-94407-12-8 44100
ISBN 978-89-94407-40-1 44100(세트)

너머북스와 너머학교는 좋은 서가와 학교를 꿈꾸는 출판사입니다.